全民科学素质行动计划纲要书系

走进女科学家的世界

U0735309

预测地球的未来

气象学家冯又嫦

[美] 芮妮·斯盖尔顿 著

张振成 译

科学普及出版社

·北京·

图书在版编目（CIP）数据

预测地球的未来：气象学家冯又嫦 /（美）斯盖尔顿著；张振成译.
—北京：科学普及出版社，2009.1
（走进女科学家的世界）
ISBN 978-7-110-06726-0

Ⅰ.预...　Ⅱ.①斯...②张...　Ⅲ.冯又嫦—传记　Ⅳ.K826.14

中国版本图书馆 CIP 数据核字（2008）第 049677 号

自 2006 年 4 月起本社图书封面均贴有防伪标志，未贴防伪标志的为盗版图书

著作权合同登记　01-2007-1625
本书中文版权由美国科学院出版社授权科普出版社独家出版，未经出版者许可不得以任
何方式抄袭、复制或节录任何部分

策划编辑：许　慧　单　亭
责任编辑：许　慧　高立波
责任校对：林　华
责任印制：安利平

科学普及出版社出版
北京市海淀区中关村南大街 16 号　　邮政编码：100081
电话：010 62103210　　传真：010 62183872
http://www.kjpbooks.com.cn
科学普及出版社发行部发行
北京时捷印刷有限公司印刷
*
开本：720 毫米×1000 毫米　1/16　印张：7.25　字数：150 千字
2009 年 1 月第 1 版　　2009 年 1 月 第 1 次印刷
978-7-110-06726-0/K · 81
印数：1—5000 册　　定价：26.00 元

（凡购买本社的图书，如有缺页、倒页、
脱页者，本社发行部负责调换）

丛书简介

　　《走进女科学家的世界》系列丛书介绍了诸多热衷于科学研究的女性的真人真事。她们中有些人在年轻时就立志要成为科学家，其他人则更晚一些才有这个想法。有些科学家在事业旅程中克服了许多个人以及社会方面的困难，而另一些人的科研道路则可以用平坦宽阔来形容。虽然她们的背景和人生经历不尽相同，但这些非同寻常的女性们都有一个共同的信念：她们所做的工作非常重要并且这些工作可以使世界变得更美好。

　　与其他的传记体丛书不同，《走进女科学家的世界》收录的是当今正在从事科学研究的女科学家的故事。书中记述的每位女科学家都通过各种方式参与到书籍的创作之中，包括讲述自己生活中的一些重要细节，提供个人照片以及其中的故事，动员家人、朋友及同事接受采访，以及解释她们的专业知识以启发和指导青少年读者。

　　本系列丛书能够顺利出版还离不开萨拉·李·斯库普夫和美国国家科学院的无私帮助，他们不仅坚信追求科学真理是我们认识世界的重要手段，而且相信女性一定会在科学的各个领域发挥重要作用。他们希望随着《走进女科学家的世界》的出版，其中那些从充满好奇的女孩变成富于创新和求知精神的科学家的故事能给读者以启迪，并且能够激励那些有天赋和精力的年轻人去思考相似的问题。虽然科研工作的挑战巨大，但其回报却更加丰厚。

本书作者简介

　　芮妮·斯盖尔顿对科学有浓厚的兴趣，因此愿意写这方面的文章。她曾为儿童写了几本有关科学领域的书籍，其中包括自然环境以及著名科学家的生平。她是芝麻街科学杂志《三二一》的编辑和作者，同时还担任很多儿童杂志的科学文章撰稿人，这些杂志包括国家地理杂志的《儿童国家地理杂志》、时代集团的《儿童时代》以及学人有限公司的《超级科学》。芮妮现居新泽西州。

本丛书还有：

◆ 基因猎手：神经心理学家南茜·韦克斯勒

◆ 骨骼侦探：法庭人类学家戴安娜·弗兰茨

◆ 机器人世界：机器人设计师辛希娅·布利泽尔

◆ 超越木星：行星天文学家海迪·海默尔

◆ 强力：物理学家雪莉·杰克逊

◆ 太空石：行星地质学家阿德瑞娜·奥坎普

◆ 活的机器：生物力学家米米·寇尔

◆ 人与人：社会学家坞塔·帝恩达

◆ 大猩猩山：野生动物学家艾米·维德尔

目　录

一个痴迷气候的人

冯又嫦热爱一切难解的神秘问题；如今，摆在她面前的就是这些问题：地球气候是如何变化的？为什么会发生这样的变化？

地球正在变暖，到处都有奇怪的现象发生。已经存在了数千年的冰川正在融化；海平面正在缓慢上升；在世界的某些地方，冬季的降雪量正在减少，而春天的花则绽放得越来越早；还有一些地方，暴风雨肆虐的频率越来越高。所有这些现象背后是否有某种内在的联系呢？如果有的话，又是哪些地球气候的变化引起了这些现象呢？人类在未来还将面临哪些新的不利气候因素？这些都是冯又嫦想要解决的问题。

预见未来从来都不是一件容易的事情，但是冯又嫦的工作就是要努力破解未来之谜。她可以使用的工具包括方程式、数学公式以及超速电脑。为了认识气候原理以及变化过程，她在电脑上模拟了地球的各种自然现象，如风、洋流、降水以及云层的形成等。通过改变这些变量，她就能够预测未来50年、100年甚至500年内的气候变化趋势！

地球上发生的任何自然现象都对冯又嫦有着巨大的吸引力。她不断地提出新问题，发现新现象，然后寻找这些现象背后的事实。在这条道路上，她让我们对地球未来的气候变化有了更多更深入的了解。

作为美国国家航空航天总署的科学家，冯又嫦的大部分工作成绩都是在**美国取得**的。

但是，她的人生旅程却是从地球另一端的**中国香港**开始的。

初识冯又嫦

冯又嫦十分喜欢看科幻电影。2004 年夏，她去电影院看了一部有关未来地球气候的影片《后天》，影片中描写了失常的气候给全世界带来的巨大灾难。

气候指某个地方过去几十年甚至几百年间正常平均的天气状况。但是在这部影片中，气候发生了突变。北半球的海水表层温度一夜之间骤降，洋流逆转，巨大的海浪席卷了纽约市的繁华街道，卷走了公车、小轿车和人群。接着严寒肆虐，所有的建筑物外面都裹上了厚厚的一层冰雪外套。

冯又嫦饶有兴致地看完了整部影片，这毕竟是关于未来气候变化的一部电影，是她最感兴趣的专业领域。不过她并不满意。影片的特效做得不错，但是从科学的角度看有太多漏洞。首先，气候变化绝非一朝一夕的事情，世界不会像影片中所描写的那样一夜之间变了个样。其次，她笑着说："我注意到他们在电脑屏幕上显示的风暴系统，可是那上面气流的方向完全弄反了。"糟糕！

看到这里，电影制作人们要注意了。如果你们拍摄科幻电影的话，最好保证不犯科学上的错误；否则就只能指望自己的电影不会被像冯又嫦这样的科学家看到。

冯又嫦在俄勒冈州胡德山脚湖边留影（见左页图）。当时她已经知道自然界的一切，包括森林、海洋、云（见上图）和雪，全都会对气候产生影响。此外，她还认识到，人类的行为同样会影响地球气候。

科学事实还是科幻作品？

不论是否科学，科幻作家们就是喜欢向我们展示一个被极端的气候变化毁灭了的地球。他们曾经描写过变成一片沙漠的地球；还有一部电影甚至描写了一个淹没了所有陆地的水世界。这些有关未来的描写全部都是科幻作家们想象出来的。但是，气候的变化却不是他们的想象。

在长达50亿年的历史过程中，地球已经经历了很多次气候变化。早在冰河时代，大部分陆地表面都覆盖着厚厚的冰层。但是冰河时代只不过是地球气候自然变化周期中的一个阶段。地球变冷的时候，冰层形成并逐渐扩散；接着冰河时代结束，地球迎来了一段比较温暖的时期，就像我们现在这个时候。

但是，这个自然的变化周期中是否有什么因素没有被考虑在内呢？科学家们注意到了一些以前从来都没有见过的极端气候变化。只不过我们现在所面临的问题不是酷寒，而是相反的问题。20世纪是过去一千年以来气温最高的一段时期。过去150年间气温最高的十个年份中有九个出现在1990年以后。地球某些地方遭受严重的干旱（长时间干旱），还有些地方的降雪量明显减少，也可以理解为冬季的干旱现象。有些树春天的花期提前；有些植物种类以前因严寒无法生长，可如今开始在这些地方扎根生长。气象学家十分关注这些现象，想要知道为什么会这样？按照自然周期的规律，地球会出现另一次冰河时代吗？人类活动是否会永久性地改变这一气候变化周期呢？

人类活动产生的二氧化碳使地球的大气层中二氧化碳含量急剧增加，仅汽车排放量一项就占空气中全部二氧化碳含量的近四分之一。

　　冯又嫦就是这些科学家中的一员。她是一名气象学专家，她的工作就是研究影响气候变化的各种因素，并了解气候在未来的变化趋势和变化原因。

　　科学家们收集研究了各种数据，一切迹象都表明人类就是造成这次气候变化的罪魁祸首。我们驾驶大大小小的车辆，使用电力驱动从电脑到空调等各种日用电器，工厂生产我们日常使用的众多产品。所有这些活动都需要燃烧化石燃料，其中包括煤炭、石油以及天然气。这些燃料是数百万年前死去的生物演变而来的，因此都含有碳元素。燃烧这些化石燃料的时候就会释放出二氧化碳，这就是很多问题的症结所在。

　　二氧化碳是温室气体，这种气体会将热量保留在地球的大气层内（参见下页"什么是温室效应"一文）。19世纪80年代早期以来，人类使用化石燃料的数量持续增加。空气中的二氧化碳含量也不断

阳光和大气污染发生反应，在洛杉矶这样的城市上空形成烟雾层。烟雾中的某些成分，如臭氧，被称为温室气体。

上升，其他温室气体的排放也同样如此。今天，地球大气层中的二氧化碳含量已经达到过去 40 万年以来的最高水平。这些增加的二氧化碳使地球平均温度持续上升，并在 20 世纪平均增长约 1 华氏度。某些地方的气温增长速度更快。

什么是温室效应？

如果没有温室效应，地球将是一个冰冷的荒芜之地。温室效应保证地球的最低气温仍能使地球上的生物继续生存下去，不至被冻死。如果没有温室效应，地球表面的平均温度将比现在的水平至少低 54 华氏度。

你能够感觉得到太阳照在皮肤上的

太阳光中的一部分（黄色箭头）穿过大气层到达地球。这些光线中有些被吸收，提高了地球表层的温度。红外线（红色箭头）或热量则被反射回大气层。这部分能量使温室气体的分子振动并自行产生热量，从而使大气层底部及地球表层的温度上升。

温暖，但是太阳光的热量并不是地球的唯一热源。此外，地球表面的热量无法扩散，储存在大气层里。就好像你在寒冷的夜晚睡在睡袋里一样，睡袋防止你身体散发出来的热量扩散出去，从而达到保暖的效果。

那么温室效应的原理究竟是怎样的呢？要想弄清楚这个问题，你必须先了解有关电磁辐射的知识，因为太阳能就是以这种形式到达地球的。这些光线以光速穿越太空，肉眼无法分辨其光波。一个波峰到下一个波峰的距离叫波长，波长从几百万分之一英寸（高能伽马射线）到几英里（能量最低的无线电波）不等。

太阳发射出的光线大部分都是高能短波光，其中包括我们肉眼能够看得到的光线，也包括看不到的紫外线。就是因为有了

包括冯又嫦在内的气象学家早已预见到这种变化所产生的影响。北冰洋的冰层厚度减少，高山冰川面积缩小。过去一百年内，蒙大拿州冰河国家公园内五分之四的冰川已经消失。陆地上融化的冰雪及海洋温度的上升使海平面缓慢但持续地上升。在地球上大部分地方，气温为零度以下的天数都有所减少。

| 无线电 | 微波 | 红外线 | 可见光 | 紫外线 | X射线 | 伽马射线 |

这种光线，即使是在乌云密布的日子里，你的皮肤也会被灼伤。

地球外大气层内几乎没有多少分子结构的物质能够吸收短波光线，从而使阳光中一半光线直接穿越大气层到达地球表面。虽然地球表面吸收短波光线，但随后又会以其他波长将其释放出去。因为地球表层温度（约60华氏度）远低于太阳表层温度（11000华氏度），地球表面向大气层释放的大部分都是低能量长波光线，或红外线辐射。

包括二氧化碳和甲烷在内的温室气体并不仅仅是让长波辐射简单地穿过；因为辐射振动这些气体中的分子，

电磁辐射范围包括从长达几英里长的无线电波到只有百万分之一英寸长的伽马射线。可见光中波长最长的是红色光，最短的是紫色光。波长不同的可见光放在一起，就是我们看到的白色阳光。

振动速度加快就会自行产生热量。这种热量能够使地球内大气层及地球表面的温度上升。

这个过程为什么叫温室效应？因为其原理和玻璃温室（见左图）的原理类似。短波太阳能很容易穿透温室的玻璃，就像穿过地球的大气层一样。温室内吸收了这部分太阳光，然后以热量形式将其大部分重新释放出来。但是这一次，玻璃将大部分热量保留在温室内，就像地球的大气层留住温室气体一样。

气候变暖对冰川有影响。1850年,冰河国家公园内有150个冰川,如今已经减少到50个。斯佩利冰川在1907年(见右图)和2001年(见下图)之间大大缩减。如果气候持续变暖,则2030年的冰河国家公园内将看不到一座冰川。

冯又嫦和气象学界的同行们正对这些变化进行研究,以真正了解这些气候变化的根源。他们要解答很多重要的问题。地球会继续变暖吗?如果是这样的话,气温还会上升多少,上升的速度会有多快?到底是哪些因素导致地球变暖?地球变暖以后会和现在我们已经习惯了的地球有什么不同,会对我们的生活有什么影响?

大家并不认为世界很快就会变成一片荒漠。但是地球变暖所造成的后果有可能十分严重。气象学家表示,根据他们目前预测的变暖趋势,未来的世界有可能会发生较大的变化。例如,气候带有可能会改变,有些植物、动物将无法在目前生活的地方继续生存下去。想象一下,纽约到处都是棕榈树会是什么样?或者北极再也看不到一只北极熊呢?

如果像有些科学家预言的那样,大部分南北极冰冠都融化了,海平面将上升几英尺，海拔较低但是人口聚居的沿海地区就会被淹没在海水下面；像马尔代夫这样的岛屿则有可能消失在茫茫的印度洋里，因为这里的最高点海拔也仅为八英尺。将暖流从赤道地区带到两极的各大洋流也有可能减弱，从而使北大西洋附近某些地区气温下降。

什么是温室气体？

温室气体是大气层中对温室效应产生较大影响的气体。相比其他气体，这些气体更能吸收地球散发的热量。它们随后又将自己的能量重新返回地球，从而使地球表面及大气层内圈温度上升。如果没有这些温室气体，地球所散发的热量就有可能会释放到太空里。

温室气体	自然来源	人为来源
二氧化碳	植物腐烂、生物体呼吸、火山爆发、海洋	发电厂及机动车燃烧化石燃料（煤炭、石油、天然气），燃烧木材，砍伐树木及其他能够从大气层吸收二氧化碳的植物
甲烷	湿地（沼泽、泥沼）、家畜的胃、白蚁	种植水稻、饲养家畜、垃圾场垃圾腐烂、开采煤炭、天然气管道泄露
一氧化二氮	家畜粪便、湿地	发电厂及机动车辆燃烧化石燃料、肥料
臭氧	阳光中的紫外线与大气层外圈中的氧气发生反应；植物向大气层内圈释放臭氧	阳光与空气污染（一般情况下为机动车污染）在含有碳元素和氮元素的大气层内圈发生反应；烟雾的主要成分
氯氟碳化合物	无。这是一种实验室内制造出来的人造化学成分	空调、冰箱中的冷却剂、灭火器中使用的冷却剂、制造泡沫塑料使用的泡沫塑料以及喷雾器中的推进剂
水汽	地球表面蒸发的水汽	

预言未来

冯又嫦的工作就是要预测未来的气候，因为未来的气候有可能同今天大不相同。她研究过去和现在的各种气候规律，分析构成气候的各种因素，其中包括海洋表层水温、洋流、风以及大气层中温室气体和灰尘的数量。然后她会关注这些因素发生变化以后会对气候产生什么样的影响以及气候发生变化的时候这些因素会有哪些相应的变化。

冯又嫦的研究方式十分奇特。因为她无法在整个地球上进行实验，也无法让风和洋流按照她希望的方式流动，从而让她了解这些因素对空气中二氧化碳的影响。因此冯又嫦重新创造了一个地球及其大气层、海洋、陆地系统，当然这是在她的电脑里创造的模型。

冯又嫦将这个地球模型称为属于自己的"神奇小世界"。她为这个虚拟的世界设置了一系列接近真实情况的特点，然后让这个模型运动起来，并观察会产生什么样的结果。

这个模型的工作原理就是要掌握自然界的气候周期，然后了解人类活动是如何影响这些周期的。例如，如果人类产生更多二氧化碳或其他温室气体，地球气候会发生什么样的变化？

她为什么要这么做呢？冯又嫦认为："首先，这是个很大的问题，但同时也是个十分重要的问题。过去一百年时间里气候变化幅度一直不大，同自然界其他变化没有什么太大的不同。但是在今后一百年时间里，我们认为变化幅度不会还是那么小。"

很多电脑演示模型均预测地球变暖对某些地方来说将会是毁灭性的。酷热难当的日子有可能会增多，已经半干旱的地区有可能遭受严重的旱灾，而已经遭受涝灾的地区有可能会有更多降水。像2004年夏季和秋季一再肆虐佛罗里达的飓风有可能会变得更加频繁。

因此冯又嫦希望就自己了解到的情况与对气候有影响力的决策者进行交流。毕竟，她所能够提供的只有科学知识和电脑预测。如果我们幸运的话，包括政府官员和业界领袖在内的决策者们就会注意她传达的这些信息。然后他们就会用这些知识防止事态的进一步恶化。

冯又嫦运用电脑模型研究气候已有二十多年的历史，她在提高这些模型性能方面作出了十分突出的贡献。她的发现帮助科学家们了解更多有关影响气候变化的因素，也对未来气候的变化趋势有了更深入细致的认识。从业以来，冯又嫦的研究工作为她赢得了很多奖项。

作为美国国家航空航天总署的科学家，冯又嫦的大部分工作成绩都是在美国取得的。但是，她的人生旅程却是从位于地球另一端的中国香港开始的。孩童时期，她最喜欢在大海里游泳，躺在水面上看天空中漂浮的白云。那个时候，没有人知道这个小女孩将会走多远，未来会取得多出色的成绩。

冯又嫦（见上图）在中国香港长大；很小的时候就喜欢蓝天沙滩，不喜欢拥挤的城市（见顶图）。

她喜欢在沙滩上玩耍，在中国南海温暖的海水中畅游。

直到今天，沙滩、海水仍然是她最喜欢的偷闲好去处。

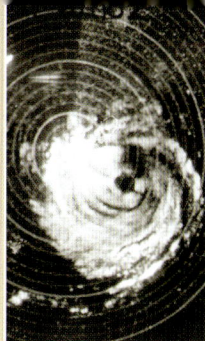

中国香港岁月

　　回忆在中国香港度过的孩童时期，冯又嫦记得最清楚的就是自己的家人、学校、朋友和台风（即美国的飓风）。小的时候，台风经常光临香港。现在说到这些她可以轻松地开玩笑："台风一来，我们就可以呆在家里不去上学，我最喜欢了。"但是她也记得台风可怕的威力，能够将大树连根拔起，连成片的雨点狠狠地打在她家的窗户上。当时的冯又嫦并不知道天气和气候会在她今后的人生中占据如此重要的位置。

　　冯又嫦于 1949 年 4 月 11 日出生在中国香港，是家里的第二个孩子，上面有一个姐姐，下面还有两个弟弟。

　　冯又嫦的父母充满爱心，但同时也很传统，用她的话来说都是比较"老式的"人。作为一个中国家庭中的女孩子，大人要求她必须守规矩。就像她说的那样："上学、学习、不准调皮捣乱。绝对不准惹麻烦。"

　　冯又嫦对孩童时期比较早的记忆就是在香港南部海滩上的那个家。她喜欢在沙滩上玩耍，在中国南海温暖的海水中畅游。直到今天，沙滩、海水仍然是她最喜欢的偷闲好去处，"把自己投入大海中，没有什么比这更好的感觉了。"

　　冯又嫦在中国香港长大，家附近就是海洋。她如今对童年的记忆中还清楚地记得呼啸而过、席卷整个港岛的台风（台风卫星图见上）。

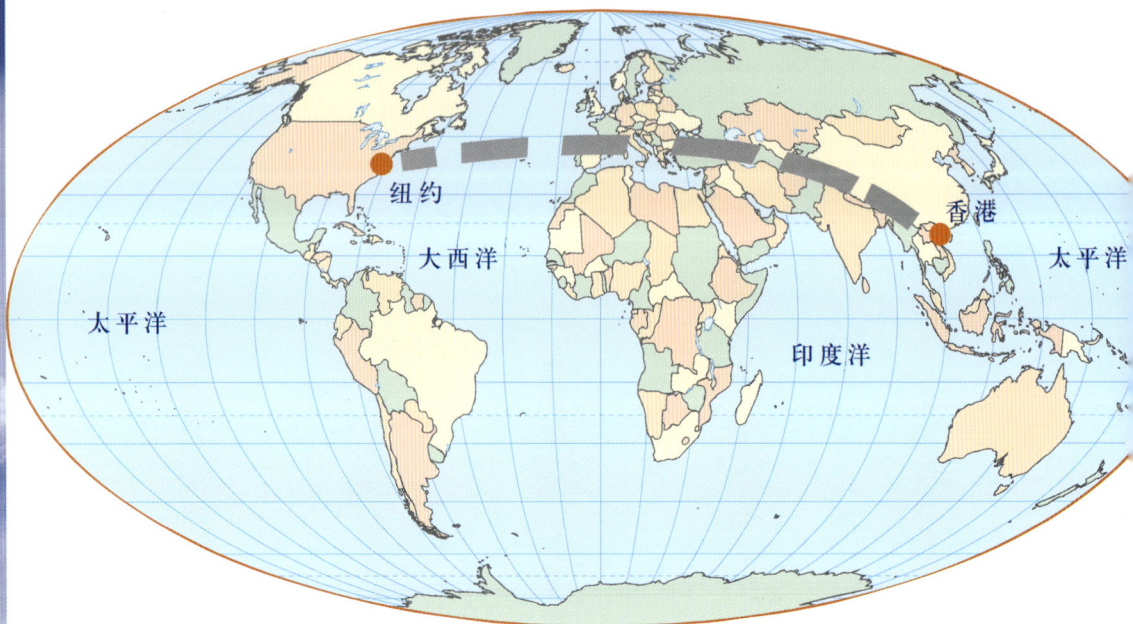

上面这张地图显示冯又嫦的出生地（中国香港）以及她刚到美国后第一个住处（纽约）之间的距离。

一个人生，两个世界

孩子们长到了上学的年龄，冯又嫦的父母决定把家搬到比较繁华的地区。那里有小学，孩子们上学、放学回家都很方便。冯家搬出了沙滩，搬进了城里的一间小公寓。

冯又嫦的父母希望自己的女儿接受最好的教育。11岁小学毕业以后，冯又嫦被送到一所私立中学。冯家并不信教，但是冯又嫦上的却是一家天主教女子学校，教师全都是美国修女。因为这所学校的教育质量很高，冯家父母也就没有顾及学校的宗教背景。

冯又嫦现在认为那段时间过得十分奇特。当时她就像是生活在两个完全不同的世界里一样。她回忆道："我在学校一直说英语；回到家里，我就和家里人说中文。我上的是天主教学校，所以会用英语背诵《玫瑰经》。但是在家里，我会用中文为奶奶读佛经。父母专门为我请了家教，教授中国古文，因为这些知识在西式学校里是不会教的。"

修女们都是好老师，但是她们要求中国学生说英语的时候十分严格。只准说英语，不准使用其他语言。冯又嫦回忆道："只要她们听到我说一个中文字，就会罚我一毛钱。我每个月有十块钱津贴。当时一瓶苏打汽水要三毛钱。要是我在学校里不说英语的话，我就一分钱都没有了。"

冯又嫦的父母，英语名字分别为查尔斯和弗朗西丝（见上图），他们希望女儿接受最好的教育，将冯又嫦（下图前排左一）送到治学严谨的玛丽诺尔女子中学求学。

冯又嫦 5 岁开始学习弹奏钢琴，15 岁的时候获得中国香港中学音乐节钢琴比赛一等奖。

十几岁的时候，冯又嫦对自己未来的职业有几个不同的设想，但是没有一个同研究天气或气候有关。她喜欢弹钢琴，喜欢上课。她曾经认真考虑过要当一名职业钢琴家，以演奏作为自己的谋生职业。但是她的钢琴教师坦率地说她这方面天赋不够。

冯又嫦还考虑过要当医生。她的父母同家庭医生谈过这个问题，医生对此并不认同。他说："医生工作时间很长，也很辛苦。这个职业不适合女孩子。"

别理那些蚊子

冯又嫦的学习成绩很好，所以家里希望她上大学。为了准备大学入学考试，他们把她送到一所名叫国王学院的学校上最后一年半中学。

在当时的中国香港，大部分孩子都不会花上几年的时间认真思考自己未来的职业，他们一般都会选择自己擅长的领域。冯又嫦现在还记得，大部分学生在 12 岁的时候，他们的老师和家长就已经清楚他们长大以后会做什么了。然后，大家就会一直朝那个方向努力。对于冯又嫦来说，这个发展方向就是数学和科学。

国王学院在数学和科学教学方面十分出色。学院的教师全都熟知自己所教授的学科知识。但是这里的课程都很难，难度几乎相当于大学一年级的课程，根本就不像是中学课程。从这所学院毕业的学生功课都很扎实。

对于冯又嫦来说，最大的问题倒不是学习，而是这里的学生几乎清一色都是男生。香港想上大学的女孩子大多不会选读数学和科学，所以也就没有专门

> 入学第一天，一名男同学走过来挑衅地对她说："你把我的朋友挤走了，就是你把他给毁了。"

为她们设立的备考中学。国王学院每年仅招为数很少的女学生就读大学预科班，有些男生在行为上未免有些出格，表示他们不欢迎女生到这里学习。

冯又嫦刚到国王学院就读的时候并不知道会遇到这种事情，但是她很快就知道了。入学第一天，一名男同学走过来挑衅地对她说："你把我的朋友挤走了，就是你把他给毁了。你们女孩子根本就不应该到这里上学，你能来这里只不过是因为校长喜欢女生。"冯又嫦在心里默默地说，我也很高兴认识你。

在国王学院就读数学及科学的冯又嫦（前排右一）是班上为数不多的女生之一。

冯又嫦中学的时候参加过一次诗歌朗诵比赛，并赢得最高奖项，然后拍摄了这张照片。

冯又嫦就这样开始了自己在这里的学习生活；她的学习成绩很好，但是有几个男生老是针对她。他们会弄很多恶作剧的把戏，比如在她坐下前把大头钉放在座位上。而且，只要抓住机会，他们就会让她出丑，想办法让她在班上难堪。她还记得其中比较糟糕的一件事情。她回忆道："班上的学生会轮流到讲台上去给老师擦黑板。有一次轮到我上去擦黑板了，可是黑板擦却被人放到吊在天花板的日光灯上了。所以我只能爬上老师的讲台，站起来，够到黑板擦，然后从讲台上爬下来，再去擦黑板。全班同学全都坐在下面看着我。"

换了别的学生受到这样待遇一般都会要求转班，但冯又嫦不会这么做。虽然这种卑劣的小手段刺伤了她，她却从来都没有向自己的父母吐露过一个字，而是选择了自己默默忍受。

冯又嫦觉得自己应该对家庭负责任。她说："他们觉得这个学校最适合我，如果我没能学好，我会让他们觉得难为情。这不仅是我的失败，也是他们的失败。"

此外，冯又嫦身上不服输的性格也不允许自己被那些为难她的人战胜。她暗自下定决定，一定不能让他们看到她哭泣，一定不能让他们把她赶走。

冯又嫦回忆道："现在我年纪大了，回想过去这些事情的时候，对我来说，他们就像是沙滩上的那些蚊子。你可以拍死几只蚊子，满足一下报复心。但是更多的时候你只能不去理睬它们。我去上学是为了追求自己的人生目标，而他们只不过是我奋斗道路上那些烦人的小虫子而已。"

有一件事永远都能够给冯又嫦带来新的力量；每当她结束了一天不愉快的学校生活回到家中，那里永远都有家人对她的爱与支持。冯又嫦的父母从来都没有打击过她，他们从来都没有对她说过她肯定不行之类的话。她说："我背后有强有力的支持，不管发生什么事情，我从来都没有怀疑过自己的能力。"

面对未来

20世纪的五六十年代冯又嫦都是在中国香港度过的，上学是她这个年龄的孩子最重要的生活内容。聪明的孩子都要上大学。

冯又嫦把这种教育体制称为"通道式"教育。一旦你显示出某一方面的才能，大家就会一起努力帮助你进入某个特定的学校，然后一辈子都从事相关的某种职业。

你的前途取决于一系列的考试：通过考试，你就可以继续留在学校里学习；没有通过考试一般就只能去做一些不要求有大学学历的工作了。

就因为这些考试这么重要，所以老师们经常为学生安排测验练习，帮助他们更好地应对正式考试。一位中学老师曾经郑重其事地告诉冯又嫦和她的同学们，考试那天千万不能生病。他说，如果因此错过了考试，他们这一辈子就全毁了。

> 有一件事永远都能够给冯又嫦带来新的力量；每当她结束了一天不愉快的学校生活回到家中，那里永远都有家人对她的爱与支持。

除了这些压力以外，每一个学生的大考成绩都会刊登在当地的一份报纸上。冯又嫦现在回忆，如果你的考试成绩很差，全香港人都会知道。在这样大的压力下，有些学生甚至会选择自杀。

冯又嫦从来都不担心自己会失败，因为她的父母为她提供了所有的成功机会。他们送她去读最好的学校，为她请家教学钢琴、学游泳、学打网球。而且她自己在学习上也十分刻苦。她在整个学生

孩提时代,冯又嫦生活在中国香港浅水湾(见上图);闲暇时分,她总是会去那里的海滩玩耍,或者在大海里游泳。

时代的生活内容几乎全部是读书和学习,从来都不和朋友在夜晚外出闲逛,不在电视机前连续几个小时地看节目。

夏天是冯又嫦放松自己的时间。有些学生甚至在暑假的时候也要上微积分补习班,冯又嫦却会去海滩。她是游泳好手,父母会带她去中国香港附近的美丽海湾畅游一番。她热爱游泳,

18

她说："我的生活十分枯燥，除了上课就是学习。但是一到海滩上我就自由了。我可以躺在那里看看海水，看看白云。那里是我的天地。"

　　冯又嫦大学入学考试成绩十分理想，她考上了当时中国香港唯一的一所大学——香港大学。但是，就在最后一刻，她认为这并不是她这一生想要做的事情。她做出了一个新的决定。

冯又嫦从来都**没有**离开过家。

但是要去外国读书，她却一点也**不担心**。

初到美国

冯又嫦一直都在为考上香港大学而刻苦学习。她当时才18岁，但香港大学已经将她看作是科学和数学方面的专业人才了，学校允许她选修物理、数学和化学等领域的课程，但是英语语言文学课程却不在关照之列，因为学校认为理工科学生尚不具备选修文学课程的资格。

冯又嫦感到十分失望，也很苦恼。她考虑如果香港大学不让她选修英语课程的话，就不选择港大。

就是这个原因最终导致冯又嫦没有就读港大吗？我们无从得知。冯又嫦于1967年5月高中毕业，大约就在那个时候，中国香港爆发了大规模的动乱。动乱让冯又嫦的父母十分害怕，他们不知道这场动乱会很快结束还是会愈演愈烈。这里显然不是孩子们成长的理想环境。

当时统治中国香港的是英国政府，但是已同中国政府达成协议于1997年归还中国香港。冯家父母和一部分中国香港市民一样担心中国香港回归之后的命运。于是他们决定让孩子们出国留学，并为自己退休后寻找一个新的居住地。

冯又嫦18岁（左页图）离开中国香港前往美国求学。后来由于工作的关系来到了纽约市（上图）。

冯又嫦从来都没有离开过家，但是要去外国读书，她却一点也不担心。她认识的几个人也在美国读书，他们在那里学习生活一切正常。她现在回忆说："我当时就把它当成是一次探险。"

纽约过渡时期

冯又嫦来到美国后第一年就读位于纽约州中部的尤蒂卡学院。这里的冰天雪地和位于亚热带地区的中国香港大不相同。

父母决定送冯又嫦去国外读大学的时候，那个学年已经快要结束了。为了能够在秋季去另外一所大学读书，冯又嫦必须马上申请。她和父母匆忙准备了申请资料发往美国的几所大学，但是全都没有赶上学校规定的申请截止日期。结果所有学校都拒绝了冯又嫦的入学申请，只有一所大学——尤蒂卡学院例外；因为位于纽约州中部的雪城大学尤蒂卡学院没有规定截止日期。冯家父母收到一封录取通知书，恭喜冯又嫦已经被该学院录取了。于是冯又嫦就准备起程前往美国读书了。

1967年夏末，冯家父母为四个孩子准备好行装，并带他们来到北美。冯又嫦的两个弟弟被送到加拿大的寄宿学校，其余的人又来到旧金山，冯又嫦的姐姐被留在这里就读旧金山女子学院。最后，她父母带冯又嫦来到纽约州。但是父母只在纽约州尤蒂卡市逗留了一天，安顿好在这里上学的女儿后就返回了中国香港。生平第一次，冯又嫦一切都要靠自己了。

现在冯又嫦来到一个完全不同的国家，不过她对美国的文化倒并非一无所知。她解释道："香港是一个十分国际化的城市，我在那里能够看美国的电视节目，能够买到像《十七岁》这样的美国杂志。我上的中学是美国修女办的。所以我刚到这里来的时候并不记得受到过什么文化震荡。"

但是地理环境就不一样了。她解释道："美国地域广阔，到处都是开阔地。"这和中国香港的自然环境大相径庭，因为香港是一个人口密集的大城市，这里的建筑全都是向天空发展，而不是向外发展。

冯又嫦在学校里十分孤独，但是在纽约却并不孤单，因为她母亲的远亲就住在曼哈顿。冯又嫦从来都没有见过他们，但是当她去纽约的时候，他们的公寓就是她的家。尤蒂卡学院在感恩节之类的节日放假的时候，她就会搭长途巴士来到曼哈顿，探望她的姨母。

在那里，冯又嫦成为另外一个大家庭中的一员。她帮忙做家务，并且照看姨母家的小孩子。有时间的时候，她就会去探索纽约意大利城和中国城那些充满生机、人头涌涌的街道。假期结束以后，姨母就会送冯又嫦乘车返回学校，并为她准备满满一袋亲手制作的美味食品。

> 但是父母只在纽约州尤蒂卡市逗留了一天，安顿好在这里上学的女儿后就返回了中国香港。生平第一次，冯又嫦一切都要靠自己了。

冯又嫦热爱在尤蒂卡学院度过的那种自由自在的学生生活；她一点都不想家。她后来回忆道："我已经准备好迎接新的冒险经历了。"只不过学校的课程却不是她所希望的。在中国香港经历了多年严格的数学和科学训练以后，冯又嫦已经远远超过了其他同学。"他们都很好，但是那些课程对我来说一点挑战都没有。我觉得很无聊，所以学年结束的时候想要转学。"

冯又嫦同父母谈了自己的想法，他们同意她的想法。这一次，她不用再担心最后截止日期这个问题了。于是冯又嫦申请了几所美国最好的学校，其中包括卫斯利女子学院、史密斯大学和麻省理工学院，这些都是美国科学和数学方面顶尖的高等学府。申请发出以后，冯又嫦和她的家人紧张地等待着校方的回音。

人生十字路口

冯又嫦被麻省理工学院录取了。她后来开玩笑地说："我被录取了，因为他们宿舍里还有空位。"当时未婚女生都必须住在学校的宿舍里。大部分顶尖理工科学校为女生准备的宿舍数量都十分有限。幸运的是，麻省理工学院刚刚扩建了校园内唯一的一座女生宿舍楼——麦考米克宿舍楼。所以，从某种意义上说，冯又嫦有幸被麻省理工学院录取的确是因为该校的住宿条件许可。当然，她出色的成绩和接近满分的 SAT 数学成绩也起了十分关键的作用。

人生中总是有一些十字路口，有些时候一个人必须决定走哪条道路，而你所选定的道路将会改变你的整个人生道路。你在自己的人生道路上也许会有那么一两次决定做一件事情，从而改变了以后的人生道路。冯又嫦决定申请麻省理工学院就是她人生道路上一个重要的转折点。

在麻省理工学院求学的前几年，麦考米克宿舍楼就是冯又嫦的家。这里是整个校园唯一一幢女生宿舍楼。

在麻省理工学院，有三件事情造就了今日的冯又嫦。

首先，麻省理工学院的优秀教师们启迪了她的思维，让她逐渐培养起真正属于自己的兴趣。在大学上课为冯又嫦开启了一个全新的世界。教授课程的老师们不仅全都是各自专业领域的顶尖科学家，而且个个聪明过人，有些还很有幽默感。教授数学课程的教授中有一位名叫阿拉·土默。这么多年过去了，冯又嫦仍饶有兴致地回忆起有关这位教授的一件趣事。有一天，教授站在讲台前，郑重其事地对全班学生说，今天课上，我们要讨论银河弯曲的问题。然后，他从自己的口袋里掏出一根"银河"牌条形糖块，高高举起来让大家看清楚，然后用两只手使劲把糖块掰弯。冯又嫦当时最喜欢的两位教授哈维·格林斯潘和威莱姆·马尔克斯不仅传授数学和物理学方面的知识，更重要的一点，那就是教授学生如何独立思考。他们让整个学习过程变得十分兴奋有趣。冯又嫦说："他们所教授的一切全都和现实的世界息息相关，他们让这些科学知识变得活生生的。"

当时的冯又嫦还不知道，她在大学里最喜欢的课程——流体力学，也就是研究液体及气体运动的科学，将为她今后的职业坚定的

阳光明媚的春日，位于麻省理工学院校园中心位置的凯琳大草坪是大家上课的最理想场所。

基础。这门学科将帮助她理解海洋及大气的循环。冯又嫦说："当时我根本就不知道有朝一日真的能够用得上这些知识。我当时只是认为这门学科很巧妙，也很有趣。"

其次，冯又嫦身边的同学全都是和她一样对学习有浓厚兴趣的学子，其中很多人成为她的好朋友。冯又嫦当时和其他几个女生一起住，每个人都有自己的卧室，但是大家共享一个起居室。放学后，她们经常坐在这里聊天交流。周末学校食堂不开伙，她们就自己做饭，然后一起在起居室吃。期间，她们会天南海北地闲聊，从而结下了维系一生的友谊。

后来成为物理学家的林达·罗德斯特罗就是曾经和冯又嫦一起烹饪一起享用的室友之一。30年后，她们仍然是十分亲密的好友。林达回忆道："冯又嫦是个精力充沛的人，对生活充满热情。她绝对不会把自己限制在一个很小的活动范围内；她的态度十分开放。我真的太喜欢她这一点了。"

冯又嫦曾经考虑过回家陪伴父母，但是后来又改变了主意。她想去研究生院继续自己的科学探险历程。

第三，麻省理工学院鼓励学生独立探索、独立思考，对自己的前途负责。之前在中国香港的时候，冯又嫦大部分的生活道路都是由家人安排好的；但是上了大学以后，一切全都不同了。她回忆道："我当时经常去看电影。我可以做自己想做的任何事情，当然不论结果是好是坏也都必须自己承担。"

冯又嫦开始探索科学和数学以外的其他学科。她选修了心理学课程，探讨人的大脑是如何识别物体和人的。她还选修了经济学课程，了解市场供求原则方面的知识。在电机工程课上，她看到人类发出的声音在显示屏幕上产生的不同波形，感到十分有趣。

有出色的教师，有志同道合的朋友，又有自由探索的空间，冯又嫦在麻省理工学院度过了三年成绩斐然的本科学习生活。1971年，冯又嫦大学毕业并获应用数学专业理学士学位。应用数学的主要用途是解决现实生活中的各种数学问题，如设计轮船和飞机以及研究全球气候变化。

现在，冯又嫦冉次面临人生的岔路口。她可以回中国香港陪伴在父母身边，也可以继续留在美国深造。冯又嫦曾经考虑过回家陪伴父母，但是后来又改变了主意。她想去研究生院继续自己的科学探险历程。就在研究生院学习的时候，冯又嫦又将面临人生道路上最重要的一个十字路口。

读研究生的六年时间里，冯又嫦一直和吉姆**在一起**，

他们两个人成了**好朋友**。

探索人生道路

有些人的一生都有明确的奋斗目标；他们在青年时代就已经确立了人生目标，想要当宇航员、设计电脑游戏，或者加入纽约扬基棒球队。但冯又嫦却并非如此。人生道路上无数可能性让她兴奋不已，但是她并不清楚自己到底想要做什么，至少一开始的时候还不知道。尽管如此，她还是取得了让很多人惊叹的成绩，成为美国国家航空航天总署的首席气候研究员。

冯又嫦说："一定要找到自己喜欢做的事情；如果你不喜欢做一件事，那你永远也做不好。"这就是冯又嫦的第一项任务，找到自己真正喜欢做的事情，而不仅仅是自己擅长的事情。在麻省理工学院读书的时候，她选修了很多课程，让自己尽可能多接触不同学科的知识。她甚至专门去学习自己不喜欢的学科；但是到最后一学年的时候，她对未来却没有任何计划。

在人生的这个阶段，冯又嫦崇拜的成人仍然具有相当的影响力。她认真倾听自己的父母以及自己尊敬的大学教授的意见。毕业在即，威廉·马尔克斯教授就是否有可能获得气象学的学位同冯又嫦谈了一次话。

冯又嫦在麻省理工学院读书的时候交了好朋友，其中最重要的一个朋友就是读研究生时认识的同学吉姆·毕晓普（见左页图）。他们一起度过了不少美好时光，包括1973年4月一起庆祝冯又嫦24岁生日（见上图）。

冯又嫦对气象学很感兴趣，因为这门学科至少同她大学学的一部分知识有关系。她选修过流体力学的课程，其中有关于海洋洋流及大气层中空气循环的知识。气象学研究的主要对象就是大气的循环。深思熟虑之后，冯又嫦决定读气象学的博士。

麻省理工学院气象学系全都是有趣的人，他们的观点也都十分有趣。比如，一个名叫爱德华·洛伦茨的教授提出了"混沌理论"，用来解释一些复杂的自然体系（如地球的大气层）是如何运行的。洛伦茨使用的"混沌"这个词中并没有"混乱"或"无序"的含义，而是指一种复杂的有序，但是这种序列在很长一段时间内均无法进行预测。因此，洛伦茨相信有可能预测未来几天内的天气状况。

教授的这种理论对冯又嫦很有吸引力，用冯又嫦的话说，洛伦茨教授提出了三个"漂亮的方程式"。这些数学方程式阐释了包括大气层在内自然系统的混沌现象。马尔克斯教授和数学系的路易斯·诺伯格·爱华德教授一起设计了一个玩具水车，用来阐释这种系统的不可预见性或混沌特性。

> **"我觉得自己好像被这个水车催眠了一样，这三个方程式竟然能够解释自然界的神秘现象。"**

有一天，马尔克斯教授把水车搬到了教室里，那是一个旋转托盘，边上固定着一些杯口朝上的纸杯，每个杯子底部有一个小孔，杯子里的水会慢慢从这个孔里流出去。这个装置上面有一个水龙头，流出的水装满顶端的纸杯，然后水就开始慢慢流走。当顶端的杯子装满水以后，由于重量失衡，水车开始向一个方向转动。

冯又嫦后来回忆道："我当时真的被吸引住了。那个轮子先向一个方向转动，然后停住，呆一会儿，又开始朝另外一个方向转！"根本就不可能预测轮子什么时候改变方向，也不知道会向一个方向转多长时间。

"我觉得自己好像被这个水车催眠了一样，这三个方程式竟然能够解释自然界的神秘现象。后来，我对洛伦茨教授说我进入气象学研究领域完全是因为他的这次出色演示。"

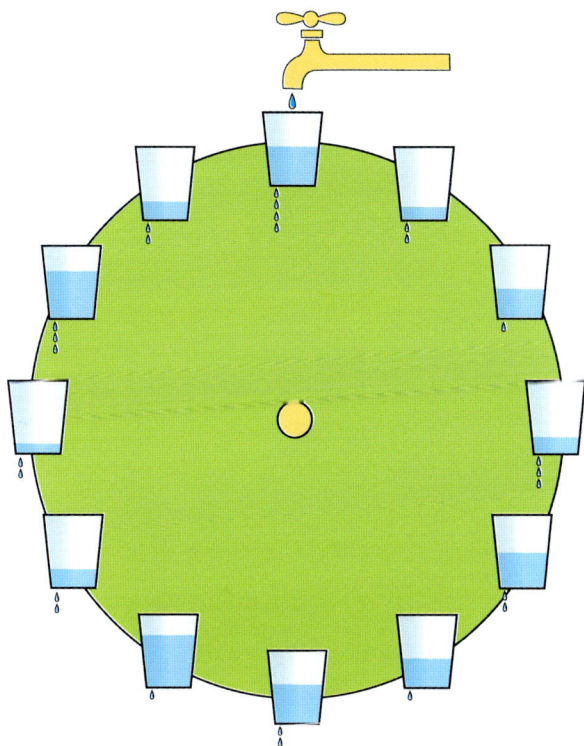

洛伦茨用水车这个实验论证混沌理论。当水充满最上面一个杯子的时候，其他杯子里的水从杯底的小孔漏出。由于杯内水的重量不同，水车就会转动起来，有时顺时针转动，有时逆时针转动。但是转动的方向却无法事先预测。

一个新的人生方向

冯又嫦决定学习气象学，这让她又朝目前所从事的职业迈出了一大步；从此，她开始钻研气候以及导致气候发生变化的大气条件。但是冯又嫦需要学习的知识还有很多。她解释道："我没有学过任何气象学专业的知识，当然，数学那部分没什么问题。但是要将我所掌握的数学知识和窗外的天气联系起来，这还得下一番工夫。"

冯又嫦说，她先得学习气象学家讨论天气时使用的专业术语。比如，"原始方程"指气象学家们使用的一些最基本的方程式。然后她还得学习改变原有的思维方式。如学习数学的时候，0°代表右，90°代表上；但是在气象学领域，0°代表上（北），90°代表右（东）。

与此同时，冯又嫦还学习了如何使用数学术语描述天气变化过程。"我以前觉得云就是云，从来都没有想过需要用方程式来解释它们。但是我对此真的很入迷。"

所有这些都深深吸引着极具数学天赋的冯又嫦；直到今天，她仍然认为有些方程式十分"漂亮"，因为它们能够使用严谨的数学陈述解释复杂的自然过程。

天才导师

由于飓风的螺旋云系（见左下图）看上去就像是星系螺旋臂（见右下图），冯又嫦在自己的论文中对解释星系螺旋臂的方程式做了改变，用来解释飓风的云系。

冯又嫦在麻省理工学院学习气象学课程之余还必须考虑论文选题的问题，研究生院的每个学生都必须写一篇一本书那么长的研究论文，论文的主题必须是自己研究的学科。

冯又嫦选择的论文题目是飓风，也就是她童年住在中国香港的时候亲眼见到过的那种暴风雨。她注意到飓风中的降雨有一个特定的模式："如果你见到过飓风，一定记得瓢泼大雨会先下将近20

ne Floyd Tuesday, September 14, 1999 SeaWiFS Project, NASA/GSFC, and ORBIMAGE

分钟，然后雨势减弱。之后这个降雨模式会重复。如果下雨的时候你正在咖啡店里喝咖啡，完全可以等那阵大雨下过去，然后趁雨小的时候冲回家。"

后来冯又嫦有机会看到了雷达上显示的飓风影像，这才明白为什么会出现这种降雨模式。云系是以螺旋形从风暴眼（中心）向外扩散的。在论文中，冯又嫦对飓风的这种组成方式进行了详细的解释。

所有的研究生都有专门的论文指导教师，为学生的研究和论文写作提供必要的指导。冯又嫦十分幸运，因为系里为她指定的导师是气象学教授朱尔·查尼。

冯又嫦的论文指导导师是朱尔·查尼（见下图），他用世界上第一台电子计算机——电子数字积分计算机（ENIAC，见左下图）进行了第一次 24 小时天气预测。

你有可能没有听说过朱尔·查尼这个名字，但是只要你听天气预报，那么你就是他研究成果的受益人：查尼是使用电脑进行天气预报的先驱。他研究并论证了人类完全可以使用电脑模型对天气变化进行预测。查尼于 20 世纪 40 年代后期参与开发天气预测的有关数学理论。1950 年，他用当时世界上运算速度最快的电子数字积分计算机（ENIAC）进行了第一次 24 小时天气预测。当时这台计算机每秒钟只能累加 5000 个数字，而如今速度最快的电脑每秒钟能够进行数万亿计算。但是查尼为这一实用技术奠定了坚实的基础；现在所有的天气预报全都是由电脑完成的。

冯又嫦第一次见查尼的时候并不认识他，也不知道正是这个人将带领她步入未来的职业生涯。气象学系位于格林楼第14层，这是麻省理工学院校园内最高的一幢建筑。查尼的办公室就在走廊的尽头，从办公室的窗口望去可以看到查尔斯河对岸美丽的波士顿市容。冯又嫦回忆道："我走进他的办公室，对他说，我是他的新学生。他看上去人还不错，但是我当时根本就不知道他都有哪些研究成果。"对于当时的冯又嫦来说，查尼只不过是她在学校里接触到的一个普通教授而已。

云是由什么物质组成的？这些物质是如何形成云的？云在大气中是如何运动的？

冯又嫦在校学习期间，查尼经常不在学校，因为他经常出差，不是做研究、做计划就是外出演讲。不过自从选定论文题目以后，冯又嫦开始经常见到查尼。刚开始的时候，冯又嫦发现查尼的工作方式有一点与众不同。他是一位出色的科学家，有很多知识可以传授给学生。但是他却要求学生通过自己的努力获取知识，不愿意简单地把答案直接告诉他们。他会提很难的问题，然后让冯又嫦自己思考；提出问题以后，查尼就走了，让冯又嫦自己去寻找问题的答案。

冯又嫦后来回忆道："我写论文的时候，曾经问过他，如果想要解释飓风的雨带，都有哪些方程式需要我去解。他告诉我从雨带的两层垂直风结构入手。不久，他却又去出差了。"他走了以后，冯又嫦意识到两层根本就不够。"他出差回来以后我就去找他，告诉他这是不对的。他坐在我身边，笑了笑，然后说，'那好吧，详细说一说吧。'"

云对全球气候产生的影响截然不同。它们能够阻挡太阳辐射进入大气层，但同时也能够防止热量散发到太空中，从而保持地球表面的温度。如果地球温度上升，则将产生更厚更大的覆盖云层。

有一天，查尼教授问冯又嫦："你有没有想过做一朵云彩会是什么感觉？"这个问题听上去实在是太傻了，但却促使冯又嫦对云进行更深入的思考。

云是由什么物质组成的？这些物质是如何形成云的？云在大气中是如何运动的？

毫无疑问，朱尔·查尼是冯又嫦研究生生涯中最重要的一个人，她回忆道："查尼教会我如何从不同的角度思考问题。他不断推动我向前走。他是那种很不容易对付的老师，有的时候，他根本帮不上什么忙，而且还是故意的。但是你却能够因此学到更多东西，因为他教会了你靠自己独立思考解决问题。他让我相信自己的能力，相信只要自己付出了努力，不管什么事情都能够做得到。"

朋友一生一起走

当查尼的学生还让冯又嫦交到了很多新朋友。查尼的研究生组成了一个相互帮助、相互支持的亲密小团体。他们每天都一起吃午饭，每天下午三点钟都会聚在一起喝茶、吃点心；每周五下午，聚在一起畅饮啤酒。他们每个月还会组织一次聚会，地点就安排在格林楼十四层查尼图书馆内。每个人出一美元购买葡萄酒和奶酪。冯又嫦回忆道："我们一起讨论工作、课程、家庭作业什么的。有的时候，我们也会一起商量向教授们提问，然后把答案胡乱记在纸盘子上。"

如果你能够读懂云层，就能够从中获得很多信息。卷云（见左上图）通常出现在高处，主要由冰晶组成，通常指示空气运动的方向。如果你在一个湿气很重的夏日清晨看到天空中有高积云（见右上图），那么下午一般会有雷阵雨。

但是这个小团体在一起并不仅是讨论课程和研究项目；其中很多成员结下了维系一生的友谊。埃德·萨拉奇克在美国布兰迪斯大学获得博士学位，当时在麻省理工学院由查尼指导从事一项研究活动。所有学生都很敬佩他。冯又嫦回忆道："埃德很照顾我们，我们有什么问题都去找他；有的时候他也会到我们的办公室里来看看我们在干什么。我现在还和他保持联系。我很信任他的判断力、他的诚实和友情。如果他告诉我努力的方向错了，我会先听他说，然后再和他争论。"

安东尼奥·默拉和杰加迪什·舒克拉是和冯又嫦一起进入气象学系学习的。"我们一起上课，每天晚上一起在十四楼办公室里做作业。"安东尼奥来自巴西，杰加迪什来自印度，都和冯又嫦一样是外国学生。他们三个全都说一口流利的英语，但是掌握美国俚语对他们来说仍有难度。冯又嫦解释道："'herring'是一种鱼，但是'red herring'指为了分散别人的注意力而提出不相干的事实或论点。我们必须特别注意这些表达，并从中掌握有用的信息。"

查尼小组的成员还有和冯又嫦共用一个办公室的约翰·威莱特，"他对我就像大哥哥一样"，冯又嫦说。

尤金妮亚·卡尔内也是冯又嫦的密友之一，她是麻省理工学院气象学系的第一位女博士，后来在美国国家气象服务局负责指导环境模拟工作。冯又嫦还没有到气象学系之前尤金妮亚就已经完成了学业。后来冯又嫦快要毕业的时候她又回到麻省理工学院当教授，从此二人成为好朋友。

尤金妮亚后来说："麻省理工学院的女生都得很厉害才行。我很敬佩冯又嫦，因为她聪明，知道自己努力的方向。她很坚强，总是动力十足。"

一位来自加拿大的化学系学生也会偶尔参加他们的聚会活动，他的名字叫吉姆·毕晓普。吉姆一开始就注意到了冯又嫦："她的笑声非常动人。"吉姆的办公室也在格林大楼里，就在冯又嫦办公室楼下。冯又嫦经常在走廊里或者上下课的路上碰到吉姆。吉姆经常工作到很晚，然后到十四楼用冯又嫦办公室外面走廊上的咖啡壶煮咖啡喝。

吉姆的家乡在加拿大不列颠哥伦比亚省温哥华；而冯又嫦的父母退休之后也选择了到这个城市生活。冯又嫦读研究生时他们两个人的父母就住在同一个城市，所以他们经常在假期一起搭伴乘飞机回家。

读研究生的六年时间里，冯又嫦一直和吉姆在一起，他们两个人成了好朋友。因为两家父母经常一起去机场接机或送机，所以彼此也都开始熟悉起来。冯又嫦说："吉姆的父母都是温哥华的老住户，他们对我父母特别好。"

1976年，当他们的研究生学习生活即将结束的时候，吉姆决定结婚。双方的父母把婚礼的日子选在12月30日，几个星期之后，他们就要获得麻省理工学院的博士学位了。

吉姆·毕晓普读海洋化学博士的时候和冯又嫦成为朋友，并在双双获得博士学位之前结为夫妇。

一个好主意

毕业在即，冯又嫦还是不清楚拿到气象学学位以后想干什么。就在这时，查尼团队的一位好友马克·凯恩给了她一个建议。为什么不申请读美国国家航空和宇宙航行局的博士后呢？如果去了那里，冯又嫦就可以在国家航空和宇宙航行局科学家的指导下进行研究工作了。

马克读麻省理工学院研究生之前曾在曼哈顿的国家航空航天总署格达德太空研究院（GISS）工作，是那里的电脑编程员。马克知道研究院有很多机会，如果冯又嫦能够到那里去，对将来的职业发展一定大有好处。

拥有气象学博士学位的冯又嫦为什么会选择国家航空航天总署呢？大部分人都知道国家航空航天总署是美国的太空机构，主要任务就是探索太空。但是其实这个机构还有另外一项重要的任务，那就是"认识并保护我们的星球"。这一点却是鲜为人知的。国家航空和宇宙航行局数以百计的科学家运用宇宙飞船、卫星以及地面观察站所收集到的数据对地球大气层、海洋和陆地表面进行研究。当然，气象学专家在这里绝对适合。

三十年前，有些男人认为女人读博士或立志想当科学家都是在浪费时间。

国家航空航天总署的博士后位置很难获得，冯又嫦必须同来自全国各地的几百名候选人进行激烈的竞争。她和马克·凯恩商量应该做些什么。最后，冯又嫦决定提交一个项目，运用卫星数据研究海洋表面的温度和洋流运动。

新婚夫妇双双获得博士学位

婚礼在即，但是冯又嫦一直都没有通知气象学系的教授们，就连朱勒·查尼也被蒙在鼓里。三十年前，有些男人认为女人读博士或立志想当科学家都是在浪费时间；他们认为女生肯定会半途而废，结婚，回家生孩子，然后把在学校里学到的东西全都抛到脑后。

当时，冯又嫦马上就要拿到气象学的博士学位了，可她就要结婚了。她不知道教授们对此会有什么反应。"所以我干脆就不告诉他们这件事。"

因为要做的事情实在是太多了，女生宿舍的朋友们全都被动员起来帮助冯又嫦筹备婚礼。一位朋友逛遍了整个波士顿的大小商店，就为了要给冯又嫦找到一件合适的婚纱。其他朋友则一起帮她

选择瓷器。与此同时，冯又嫦还要写论文，整天把自己埋在格林大楼办公室的书籍和草稿堆里。

就在三千英里远的温哥华，两家的父母也都忙得不亦乐乎。他们负责筹划婚礼的每一个细节。用冯又嫦自己的话来说："我们两个人到时候出现在那里就行了。"

冯又嫦和吉姆（左图）于1976年12月30日在不列颠哥伦比亚省温哥华结婚，这里是他们父母的定居地。冯家在起居室接待了参加婚礼的亲朋好友，大家簇拥着幸福的新婚夫妇（下图）。

他们在麻省理工学院的几个好朋友去温哥华参加了他们的婚礼。婚礼就在冯又嫦父母家里的起居室举行。据冯又嫦后来回忆："那是个规模很小的婚礼，吉姆的父亲曾经在加拿大军方服役，多亏了他，我们才有了一位军队的牧师主持婚礼。"吉姆的父母在婚礼前为新人主持了婚宴，婚礼结束后冯又嫦的父母用中国晚宴招待新郎、新娘和所有的来宾。冯又嫦说："中国的风俗就是什么事都要大吃一顿。"

冯又嫦婚后并没有改用夫家的姓，她后来开玩笑地说："这样可以少填很多表格。"不过这也是文化的选择；因为当时在中国香港，

女人结婚以后并不改用丈夫的姓，而是把丈夫的姓加在自己的姓氏前面。不过冯又嫦选择不改变自己的姓名。

冯又嫦和吉姆举行完婚礼后根本就没有时间度蜜月，没有时间坐飞机去热带岛屿享受风清沙幼、阳光灿烂的海滩，而是直接飞回了剑桥。据她后来回忆："我们每天都在格林大楼忙到很晚，写各自的论文。"冯又嫦的室友们再次伸出了援手，帮助她校对整篇论文、检查论文中的图表和图片说明。她们就连论文的页码也没有放过。冯又嫦回忆道："我写论文的时候还得抽空给送结婚礼物的亲朋好友写感谢信。"

最后，冯又嫦终于完成了论文交了上去。接着就是论文答辩了。这是个让人十分紧张的重要环节，学生需要站在系里教授评委们面前，回答他们就论文内容提出的问题。这些问题都很不容易回答，学生答题的表现将决定是否能够通过答辩，是否能够获得学位。

冯又嫦回忆道："答辩完以后，我很紧张，不知道教授们会有什么样的评语。"她呆在十四楼的一间房间里，从那里能够看到格林大楼的电梯；而教授们则留在九楼的答辩房间，讨论冯又嫦的表现，决定她是否可以通过这次答辩。讨论有了结果以后，他们就会回到这里来通知她。

冯又嫦觉得时间过得像蜗牛爬那么慢；评审委员会用了很长时间才做出最后决定，实在是太久了。冯又嫦说："当时只有两种可能性，要么通过，要么不通过；没有什么模棱两可的结果。有的时候只不过犯了一个很小的错误就可能没有通过答辩。"

最后，电梯的门终于打开了，教授们走了出来。走在最前面的就是查尼，他微笑着对冯又嫦说："我们也不知道是不是该让你通过；不过我们决定要送你一件结婚礼物，你通过了。"没错，他们现在都知道冯又嫦和吉姆结婚的消息了。查尼这么说只不过是想开个玩笑，但是冯又嫦听了却很失望。她后来解释道："我当时根本就没有什么幽默感。"看到她沮丧的表情，查尼马上就不开玩笑了，告诉她论文写得很好，评审委员会很欣赏这篇论文。

然后，评审委员会的教授们全都走上前来祝贺冯又嫦新婚快乐，其中包括爱德华·洛伦茨。几年前第一个建议冯又嫦去学习气象学的马尔克斯教授写了一张纸条给她，表扬她出色地回答了自己提出的难题。冯又嫦在答辩中大获全胜；她的论文还作为麻省理工学院年度最佳气象学论文而获得罗斯比奖。

1977年初，冯又嫦从麻省理工学院毕业，获气象学博士学位。这在当时是个非同寻常的大事。麻省理工学院的气象学系创建于1928年，在此期间，冯又嫦是第二位获得气象学博士学位的女生，第一位就是她的好朋友尤金妮亚·卡尔内。冯又嫦进入美国国家航空航天总署读博士后；而她的丈夫吉姆则在纽约市地区的哥伦比亚大学兰蒙特—杜荷提地质学观测所读博士后。

冯又嫦研究生毕业留影，她已经准备好迎接自己职业生涯中最重要的一个转折。

新婚燕尔，新获博士学位，找到了新工作，对于冯又嫦来说，似乎一切都很顺利。但是她不久就认识到，表象有时十分具有欺骗性。

冯又嫦立即抓住了这个
机会，重新回到纽约市，

这样她就可以与丈夫在一起了。

5

人生考验

1977年1月，冯又嫦和吉姆收拾好自己的全部家当，从麻省剑桥搬到纽约市。他们在西哈莱姆西街115号租了一个很小的两室公寓住下。这里离冯又嫦工作的地方很近，步行就可到达，附近有穿梭巴士车站，吉姆可以就近搭车到哈得逊河对岸的兰蒙特上班。

冯又嫦1977年2月开始去上班；她怀着兴奋的心情打扮好自己，然后步行来到百老汇大街和112号大街的转角处，在她面前的是一幢看上去很平常的灰色砖块建筑。大楼底层有一间"汤姆餐厅"，就是电视情景喜剧《宋飞外传》里杰里·宋飞经常和朋友们一起聚餐的地方。餐厅往上六层楼就是美国国家航空航天总署格达德太空研究院。

冯又嫦那天穿着她最好的衣服。当初在麻省理工学院读书的时候，她经常穿一条蓝色牛仔裤，一件法兰绒衬衫，脚下登一双旅行鞋。但是现在不一样了，她已经工作了；于是她专门去商店买了一套新衣服，也是她有生以来第一套正装。1977年初，在格达德太空研究院看不到几位女科学家，所以当时研究院的一位女士见到冯又嫦后吃了一惊。冯又嫦后来回忆道："她当时问我是不是研究院临时聘请的秘书。我告诉她说我是新来的博士后，然后问她我的办公室在哪里。"

冯又嫦在位于曼哈顿的美国国家航空航天总署格达德太空研究院（见左页图）工作了近15年。工作之余，冯又嫦和吉姆有机会在这个国际性大都市到处参观游览。上图为纽约市最负盛名的自由女神像。

　　冯又嫦被带进研究院，见到了自己的新老板。老板告诉冯又嫦，她所属团队的工作地点已经不在纽约市了，已经搬到马里兰州格林贝尔特的格达德太空飞行中心。冯又嫦后来回忆道："他说这对整个工作团队和我来说都是个很好的机会。我当时心想，可你为什么不早告诉我这个呢？"

　　开始的时候，冯又嫦感到既震惊又困惑；然后她觉得十分愤怒。她现在该怎么办呢？她本来还以为自己和丈夫都会在纽约市工作，他们刚把家搬到那里。可现在她才知道自己的工作地点在两百英里以外的地方。

前往马里兰

　　冯又嫦开始理性地分析自己所面临的局面；这正是科学家遇到突发情况会采取的态度。她意识到自己有两个选择：她可以离开丈夫到马里兰州去工作，或者拒绝接受这份工作，并离开这个国家。当时冯又嫦还不是美国公民，因为国家航空航天总署给了她一份工作（研究员），所以她是持特殊签证在美国逗留的外国人；如果没有身份，她也就无法继续留在美国。离开美国不是一个好选择，到时她能去哪里呢？她丈夫怎么办呢？他是不是也得辞职跟她一起去另外一个国家呢？不行，冯又嫦当时最好的选择就是接受安排，到马里兰州去工作。

　　冯又嫦的决定很有道理，但这之后的一年半却是这位年轻的科学家一生中最难过的一段时间。冯又嫦从麻省理工学院自由开放的学校环境一步踏入基层政府研究机构。当初在学院的时候，周围的环境鼓励她大胆进行探索，但是现在却必须接受科学家和技术人员好几层的管理和控制。冯又嫦需要完成一项任务：研究决定海水表面温度的过程以及不同海域的表层温度是如何变化的。这是个相当不错的研究课题，她很感兴趣；这个课题只不过和她最感兴趣的问题略有偏差。

这份工作的工作时间也很奇怪。冯又嫦需要使用电脑进行研究，但是当时国家航空航天总署的整个电脑系统正在升级，只有三个电脑终端可以使用。就像冯又嫦后来自己说的那样，当时她"只不过是个职位很低的博士后"，只能等职位较高的科学家和程序员不用电脑的时候才有机会使用。通常情况下，她每天都从大约三点开始工作，然后一直干到深夜。

冯又嫦在华盛顿特区附近租了一间地下室公寓，是和卡西·格布哈特一起合租的。卡西是冯又嫦的朋友，到华盛顿工作之前曾经担任过查尼的助理。公寓靠近地铁线的最后一站，这样冯又嫦就能够乘地铁上下班了。但是除了这些以外，她面临的其他状况就比较让人泄气了。如果在格达德工作到深夜，冯又嫦的晚餐就只能靠叫外卖打发了。她后来回忆道："我那个时候吃的东西几乎全都是速食。格达德一个地下室里有个微波炉，这在当时还是很难得的设备呢。有时为了犒劳一下自己，我会为自己用微波炉爆爆米花当晚餐。"

每个周五冯又嫦都去火车站乘火车回纽约市。当时的铁轨似乎永远都在维修中。火车出发了，慢慢向前爬行，然后就停住了，等在那里，全车乘客也都在等。终于，火车又启动了，向前推进一段距离。就这样，四个小时的路程通常都会延长到五个小时。

当火车终于到达纽约市以后，冯又嫦已经精疲力尽了，回到家除了睡觉几乎什么事情都不想做。还没有在家里呆够，就又该乘火车回华盛顿去了。

冯又嫦在马里兰州格林贝尔特的格达德太空飞行中心（见左上图）工作了一年半，住在美国首都华盛顿特区，但是由于工作繁忙，根本就没有时间参观包括华盛顿纪念碑（见上图）在内的著名景点。

重回纽约

冯又嫦发现自己陷入一个让人沮丧的局面。她的同事都很好，但是这份工作让她无法对任务以外的事情继续保持好奇心。她没有时间游览华盛顿特区，周末的时间全都浪费在特区到纽约市的火车上。冯又嫦说："我当时真的认真考虑过辞职。"

就在冯又嫦打算放弃的时候，朱尔·查尼救了她。自从冯又嫦成为他在麻省理工学院的研究生以后，查尼和格达德的研究人员一直都有合作关系。他和这里的研究人员一直保持联系，也经常到格林贝尔特来参加会议。一次他来开会，给自己当初的得意门生一些建议。冯又嫦后来回忆道："他告诉我，工作只是生活中的一部分；他说我应该回到纽约，应该和我的丈夫在一起。"

查尼给她的另外一个重要建议就是要她了解有关二氧化碳的知识。二氧化碳在提高地球大气层温度的过程中扮演着十分重要的角色。20 世纪 70 年代，越来越多的科学家注意到人类的活动似乎

有关二氧化碳的基础知识

二氧化碳是一种无色无味的气体。人类早在 17 世纪就将其作为有别于空气的物质进行过详细的描述，是人类最早发现的气体之一。

二氧化碳的化学分子式为 CO_2，表示它由一个碳原子和两个氧原子组成（见下图）。

改变了大气层中二氧化碳的含量。如果燃烧化石燃料释放的二氧化碳导致这种气体在大气层中的含量超过历史水平，则地球未来的平均气温将有可能会上升。查尼对这个课题很有兴趣，他对冯又嫦说，如果她了解了碳元素的有关知识，他们可以一起合作一个项目。

冯又嫦知道查尼在提出建议之后通常都会迅速采取行动。但是她当时并不肯定，这有可能只是一个幸运的巧合。不过她知道查尼同美国国家航空航天总署格达德太空研究院的主任詹姆斯·汉森谈过，说要在纽约为冯又嫦找一份工作。当时，冯又嫦在麻省理工学院的好友马克·凯恩也在格达德研究一个课题项目，他也就冯又嫦的工作问题同汉森谈过。不管是谁出了力，反正冯又嫦1979年初收到了曼哈顿国家航空航天总署格达德太空研究院的调动信。这正是她当初应该去工作的地方。

冯又嫦立即抓住了这个机会，重新回到纽约市。这样她就可以与丈夫在一起了，也就不用再在周末长途跋涉地在两个城市间奔波了。当时冯又嫦还不知道，她重回格达德太空研究院对于她今后的职业发展道路来说有多重要。

冯又嫦和吉姆住在曼哈顿一幢公寓楼的十五层，这是从他们的起居室窗户看到的景色。

工作之余，冯又嫦和吉姆
会外出游览纽约市，

他们喜欢看电影，喜欢在星期
六的时候去中央公园散步。

6

成长与变化

对于冯又嫦来说，从马里兰州格林贝尔特的格达德太空飞行中心调到纽约市格达德太空研究院让她重新过上了有朝气的新生活。但是对于她整个人生来说，在马里兰州的短暂停留并非毫无意义的，而是她人生中重要的一课。

当生活不如意的时候，冯又嫦不是那种坐在那里只会抱怨的人；相反，她会认真审视自己所处的境遇，然后想办法从中找到积极的因素。在格达德太空飞行中心工作的一年半对她来说的确算是一种挫折，但同时也是冯又嫦职业发展道路上至关重要的一步。

冯又嫦现在认为："这是我人生道路上有用的一站，因为我在那里必须要学习有关海洋的知识。"美国国家航空航天总署在纽约的工作团队需要一名海洋学方面的专家，正是因为冯又嫦有这方面的特长，纽约国家航空航天总署研究中心主任才会考虑聘请她。

好大的眼睛！

1979年3月，冯又嫦重新回到百老汇大街和112号大街的转角处那一幢灰色建筑，开始在格达德太空研究院工作。她回来的时候，格达德太空研究院的研究任务已经从研究太空变成研究地球环境。

1979年开始，冯又嫦开始定居在纽约市。她在工作中充分应用了自己刚掌握的有关海洋和洋流的新知识（见上图）。工作之余，她和吉姆经常去中央公园散步（见左页图）。

美国国家航空航天总署格达德太空研究院原来的任务主要是研究其他星球的大气条件，如金星和火星。20世纪70年代初，这个太空研究机构还派阿波罗号载人飞船前往月球。人们都认为它下一步的任务将会继续探索地球附近的其他行星。格达德太空研究院的研究能够帮助国家航空航天总署了解这些行星上的气候条件，从而使其做好充分的准备，向这些星球派遣宇航员。

但是20世纪70年代末，美国国家航空航天总署的发展战略出现了转变。1969～1972年期间派遣宇航员探索月球的"阿波罗计划"宣告结束，此外也没有关于派遣宇航员到其他星球的计划，因此研究其他行星的资金大幅度削减。

当时已经发射了不少环绕地球飞行的卫星，其中大部分负责收集地球大气层数据。格达德太空研究院需要一个新的任务，因此开始用这些卫星数据提高天气预报的质量。格达德太空研究院曾经从加州大学洛杉矶分校得到了一个电脑天气模型，不过最后还是决定自己重新开始。格达德太空研究院的科学家们决定对这个天气模型做一些调整，建立一个气候模型。

20世纪70年代后期，美国国家航空航天总署已经有了几颗装载了高级高清晰放射机（AVHRR）的地球轨道卫星（见下图）。这种仪器（见插图）能够收集有关云量和云层表面温度的信息，然后格达德太空研究院会把收集到的数据载入气候模型。

什么是气候模型？

气候模型并不是用塑料等材料制造出来的模型，也没有时髦的小装置。它其实是由一些复杂的数学方程式组成的；这些方程式能够捕捉到决定气候的自然变化过程。由于这些方程式的数量巨大，复杂程度又高，因此只能在电脑上解答。

气候模型是世界上最大的电脑程序之一，由数十万行计算机代码组成，通常需要在每秒钟能够进行上万亿次计算的超级电脑上运行。即便如此，这些模型也有可能需要几个星期甚至几个月的时间才能够产生有用的结果。

这些模型是如何运作的呢？一个计算机模型将大气层和海洋划分为一些叠放在一起的方框，或称单元格（见右图）。每一个单元格代表一定的区域面积，大约几百英里宽，几英里高。

科学家们会分析影响这些模型中气候的数十个因素，其中包括太阳和地球的能源穿过大气层以后发生了什么样的变化，大气层中的空气是如何循环的，以及水如何从地球表面蒸发、上升组成云，然后又通过降水返回地面。这些过程中的每一个都必须用模型中的一个数学方程式来表示。

气候模型还为每一个单元格赋予一个初始值。也就是说，它们会为每个单元格设定温度、湿度、风速、风向、空气中二氧化碳的含量等。另外一组方程式会将这些单元格联系起来，表明其中一个单元格所发生的变化是如何使周围单元格发生相应变化的。编程员然后将这些方程式和数值翻译成计算机代码。

当每个单元格内的条件都设定好、表明自然过程的方程式也设置到位以后，整

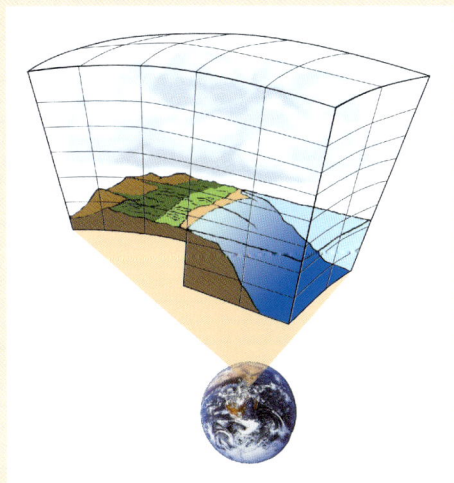

个模型就可以运行起来，对未来几天、几年、甚至几个世纪的天气状况进行预测。当这个模型运行的时候，也就是说当这些方程式互动的时候，它会计算每个单元格在特定时间内的变化。这个模型可以预测未来几百年甚至上千年的气候变化。

那么，科学家怎么知道气候模型是否准确呢？其中一个方法就是让这个模型计算一下过去的气候。设计者会将计算结果和历史数据进行比对。如果比对结果一致的话，他们就会有信心，知道自己设计的这个模型同样能够准确预测未来的气候变化趋势。

联网工作的计算机

1979年春冯又嫦刚到格达德太空研究院的时候，那里的科学家正在设计新的电脑模型；他们希望这个模型能够帮助他们预测地球未来气候的变化情况。

因为在马里兰州接触过这方面的内容，冯又嫦了解电脑模型设计；而且当初在麻省理工学院读书的时候，她也接触过这个领域的知识；因为她了解朱尔·查尼对大气层电脑模型设计所作出的贡献。早在1950年，查尼和他的团队就用塞满一小间房间的笨重计算机进行了世界上第一次24小时天气预报。当然，他们所使用的计算机虽然运算速度十分缓慢，却已经是当时全世界最先进的了，而且在20世纪50年代初期，即使只能提前一天预报天气，也是当时了不起的巨大成就。不过当时的问题是，查尼和他的团队需要差不多24个小时才能完成预报所需的计算。因此说是"预报"，计算结果出来其实也就到了"预报"的当天了；天气状况如何达到望一望窗外就可知道的水平。

科学家们很快发现，海洋对气候变化有重大影响。

虽然当时的天气预报对公众来说可能没有什么意义，却是天气预报科学向前迈出的一大步。20世纪50年代中期，电脑的运算速度大幅提高，科学家终于可以做到真正意义上的预报天气了。到了70年代，气象学家已做到提前几天预报天气变化。

为天气设计模型是一回事；设计气候模型就是另外一回事了。天气模型从某个特定时间的大气条件出发，然后预测这种条件下几天内每个小时的天气变化情况。而气候模型需要显示的是几年内、几百年内、甚至几千年内大气层的平均条件，显示太阳能或大气层中二氧化碳含量所发生的变化对整个大气有什么样的影响。不仅如此，气候模型还必须说明影响气候变化的诸多自然过程，同时这些自然过程还是相互关联的，其中包括海洋表面温度、海洋的洋流、风向、风速、水从地球表面的蒸发、呼吸作用、空气中的气体和灰尘以及云的大小和位置等。

最初设计出来的气候模型仅关注大气循环过程。就像冯又嫦说的那样:"必须先找个切入点才行。"不过,科学家们很快发现,海洋对气候变化有重大影响。地球表面超过70%的面积都是海洋,它们使地球表面的温度保持均衡,影响大气层中水分含量,同时对气温也有影响。此外,海洋对风的运动也有很大影响。由于海洋有调节气候的能力,设计有用的气候模型就不能不考虑海洋这个因素。

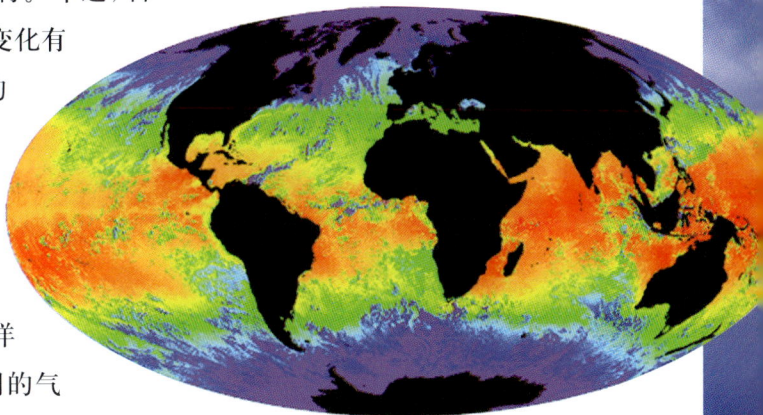

格达德太空研究院的大气模型中需要增加海洋因素;因为冯又嫦曾经在格达德太空飞行中心研究过海洋数据,因此她的老板吉姆·汉森这次派她负责格达德太空研究院气候模型中海洋这一部分。冯又嫦立即开始这一新项目的研究工作。

工作之余,冯又嫦和吉姆会外出游览纽约市。他们喜欢看电影,喜欢在星期六的时候去中央公园散步。他们还会去林肯剧院和卡内基音乐厅听音乐会,或是在周末的时候去长岛南岸的大西洋海滩度假。呆在家里的时候,冯又嫦喜欢阅读、烹饪,喜欢在她那架黄色的小钢琴上弹奏古典音乐。当初在麻省理工学院认识的老朋友到这里来,她总是会为他们弹奏一曲。

如果想要了解地球的气候,海洋是一个至关重要的因素。冯又嫦在格达德太空研究院的主要工作就是负责气候模型中的海洋部分,帮助其他科学家更好地了解海洋循环以及哪些海洋温度比较高(见上图红色部分)、哪些比较低(蓝色部分)。

汤与科学

冯又嫦在格达德太空研究院工作了一段时间以后，发现身边有不少研究项目都十分有趣，虽然大部分都和她的海洋研究没有关系。她仍保持强烈的好奇心和求知欲望，对身边其他科学家钻研的课题有浓厚的兴趣。和同事逐渐熟悉以后，她总是忍不住向他们提很多问题。当她发现某个有趣的领域是自己所不知道的，就会停住脚步了解有关的知识。冯又嫦强调说："当然你必须先干好工作，但这也不妨碍你思考，不妨碍你问问题。只有不断的探索才能让你不断进步。"

冯又嫦继续完成自己海洋研究方面的工作，但同时又对办公室离自己很近的另外两位女科学家的工作很感兴趣。她们正研究地球的植被地图，并将其编入电脑程序。她们的工作是不是也能够纳入气候模型的研究呢？

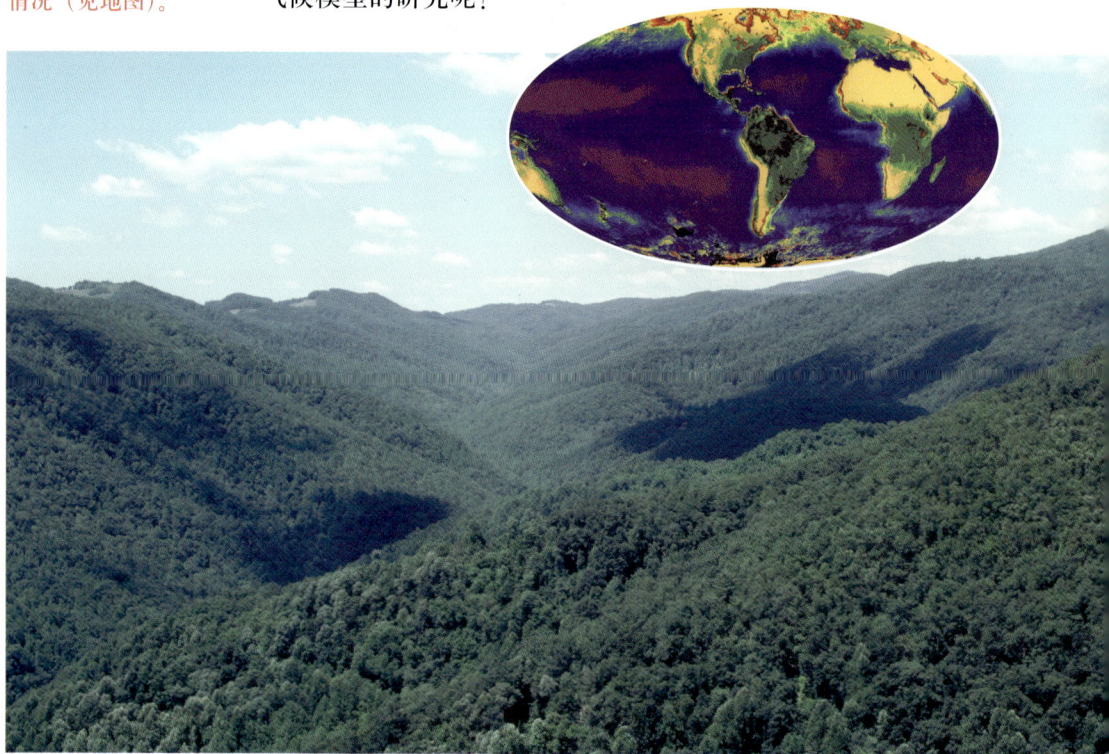

大森林（见下图）对陆地大气层的温度和湿度都有很大影响。卫星收集的数据清楚表明地球表面的植被情况（见地图）。

植被对地区气候有影响，但是气象学家刚刚认识到这一点。20世纪70年代早期和中期，气象学家已经知道大气和海洋之间的关系，但全世界只有为数不多的几个人大声疾呼树木和植物对气候变化也有重大影响。

其中一位就是气象学家鲍勃·狄金森。他说如果不考虑陆地上的因素，就不可能设计出一个准确的气候模型。比如，狄金森指出树木是通过呼吸作用影响地球气候的。在这个过程中，植物通过根系吸收水分，然后通过叶子上的气孔以水蒸气的形式将这些水排放出去。水从植物中蒸发出去导致植物温度降低，因而能够释放土壤中的热量。这种作用对大片森林地区的温度影响尤其明显。狄

> 20世纪70年代早期和中期，全世界只有为数不多的几个人大声疾呼树木和植物对气候变化也有重大影响。

金森指出，北美洲和亚洲大部分地区均被森林覆盖，因此，如果不了解这些地区大片森林产生呼吸作用的规模和影响，就无法判断加拿大或俄罗斯的气温。

这对生态学者来说并不是什么新发现，但是气象学家对此却仍缺乏必要的认识与了解，至少开始的时候是这样。冯又嫦说，有些科学家对把植物纳入气候模型的想法冷嘲热讽。他们会开玩笑地问："你是说要把胡萝卜和豌豆也算进来吗？"但是当他们对影响气候的因素有了更多认识以后，发现生态系统对气候的确会产生影响。

吉姆·汉森知道气候模型中应该包括陆地表面的影响因素，所以聘请了哥伦比亚大学地理学系学生凯蒂·普林提斯和电脑制图专家伊琳·马修斯制作这个过程。马修斯将地球表面植被地图转化成表格和数字，这样就能够将地球植被数据载入气象数学模型。普林提斯则负责研究一个分类系统，显示植被是如何随气候的变化而改变，同时也显示植被的变化对气候产生的影响。

冯又嫦一直关注她们的工作，后来终于抵不过自己的好奇心。她说："我就是这样，什么都想插手。所以就去问她们正在做什么研究。"因为格达德太空研究院的女性工作人员本来就不多，所以冯又嫦和凯蒂、伊琳都是好朋友。她们每天都一起吃午饭，边喝汤、吃三明治边讨论科学上的问题。

冯又嫦后来回忆到："一天吃午饭的时候，我开始了解生态学方面的知识，想弄明白凯蒂·普林提斯和伊琳·马修斯正在做什么工作。日复一日，我在不停地提问，她们在不停地回答中，掌握了生态学的基本知识，并学会了她们的思维方式。"

由于掌握了格达德太空研究院创建电脑模型的广泛知识，冯又嫦终于能够帮助她这两位朋友了。她帮助她们以最适合气候模型的方式对数据进行组织和展示。

拼图游戏

冯又嫦与凯蒂和伊琳之间的合作只是她众多合作项目中的一个。在和其他科学家的合作过程中，冯又嫦开始探索自己专业以外的广阔领域。有些科学家执著于某个专业领域，从不探索其他学科，而冯又嫦却不愿意被这些无形的界限束缚住。没错，她是气象学家，但是在这个学科领域内，她看到了很多可以深入探索的空间。

她说，"有些人就是喜欢把你的思想放到一个盒子里，但是我的头脑并不受这个盒子的局限。"冯又嫦认为，如果一个科学家要研究大气中的二氧化碳，那为什么不能同时研究一下海洋呢？为什么不研究一下陆地呢？为什么不尽量有个全局观念呢？

冯又嫦解释道："我乐于钻研有趣而难解的科学问题，我会在解决问题的过程中找到其他感兴趣的问题。通常情况下，这些都是其他人没有注意到过的问题。所以我会自己去找难题来解。这种心态通常会让我发现更多问题。对我来说，这就是乐趣所在。"

在好奇心的驱动下，通过细心观察，冯又嫦掌握了很多有关地球环境以及很多影响气候变化的自然过程的知识。这时，冯又嫦意识到，如果能够将所有这些过程尽可能纳入气候模型，那么这个模型就会更加完善，因此也就能够对未来气候变化进行更准确的预测。

当然，如果冯又嫦没有那么旺盛的求知欲和开放的心态，就永远也不会有这种认识。冯又嫦在麻省理工学院的朋友、地球及气象学家马克·凯恩说："冯又嫦在大学接受的教育是有关大气动力学的，然后到国家航空航天总署学习了很多化学，还有陆地和生态系统方面的知识。所以她的知识面非常广；这方面，我认识的人中没有比得过她的。她会把自己掌握的知识全都融会贯通，这也是别人做不到的。"

> 在好奇心的驱动下，通过细心观察，冯又嫦掌握了很多有关地球环境以及很多影响气候变化的自然过程的知识。

因此，冯又嫦在气象模型的开发研究工作中起了十分关键的作用。气象模型从研究大气开始，然后又加入海洋，接着又认识到包括呼吸作用在内的陆地过程对气象的重要影响。不过冯又嫦从研究中发现，在这项研究中，还有一块拼图没有用上，那就是地球的生物地球化学循环。

这些循环通过重要化学元素在陆地、大气、海洋以及生物体之间的运动过程支持地球上的生命体系。以碳元素循环为例：因为二氧化碳对气候有影响，冯又嫦认为了解碳元素是如何进出大气层十分重要，同时将碳循环和其他生物地球化学循环纳入气候模型也十分重要。

实际上，将这些复杂的循环纳入气候模型被称为地球系统模型。如今，冯又嫦已经成为这个领域公认的先驱及主要建筑师。但是这一切全都是从曼哈顿格达德太空研究院办公室里探索碳循环开始的。

她每天都工作很长时间，
主要研究海洋模型

以及二氧化碳在海洋和
大气层中所起的作用。

7

追踪碳元素

1755 年，苏格兰医师及化学家约瑟夫·布莱克发现了一种无色、无嗅的气体——二氧化碳。接着他发现二氧化碳是空气中的一种气体，由碳元素和氧元素组成。从那以后，科学家们一直都想弄清楚二氧化碳在地球大气层中所起的神秘作用。

19 世纪初期，科学家们已经认识到，大气层中的二氧化碳有可能起到为地球保温的作用。当时工业革命刚刚兴起，工业在整个欧洲和北美洲迅速发展。大部分工厂都使用煤炭作为燃料，而燃烧含有碳元素的燃料（如煤炭）都会产生二氧化碳废气。工业革命之前，地球大气层中的二氧化碳含量仍大致保持在数千年前的水平。但是随着工业化程度的提高，工厂燃烧煤炭（后来是石油和天然气）的数量迅速上升，地球大气层中的二氧化碳含量持续增加。

1895 年，瑞典科学家思凡特·阿列纽斯提出，工厂燃烧煤炭产生更多的二氧化碳会将更多热量留在地球表层。但是当时没有人能够证明他的这一观点。

1895 年，思凡特·阿列纽斯（见上图）提出一个观点，认为如果大气层中的二氧化碳含量过多，整个地球的温度就将上升。几十年以后，冯又嫦开始认真研究二氧化碳在气候变化中所起的作用。尽管工作繁忙，但她和吉姆还是会挤出时间去长岛南岸的海滩上散步，哪怕是寒冷的冬天也是如此（见左页图）。

59

20 世纪 50 年代，公众已经认识到工业、汽车、卡车以及发电厂向大气层排放越来越多的二氧化碳。但是这种气体被排放出来之后又去了哪里呢？大多数科学家认为海洋吸收了大部分二氧化碳，并认为空气中的二氧化碳含量并没有很大的增加。但问题是，还是没有人能够证明这一观点。

20 世纪 50 年代末，人们对这个问题有了更加明确的认识；正是在这个时候，海洋研究学者罗杰·莱维尔聘用查尔斯·基林研究大气层中的二氧化碳含量。基林于 1958 年在夏威夷毛纳洛亚火山顶设立了一个二氧化碳监测站。这个火山周围方圆数千英里都是开阔的海洋，是测量大气中二氧化碳平均含量的理想场所。几年时间里，毛纳洛亚数据证实了一些人之前的怀疑。二氧化碳的含量的确正在增加。那么这对地球的气候会有什么影响呢？

20 世纪 60 年代至 70 年代初，就有少数态度十分坚决的科学家致力于破解二氧化碳之谜。到了 70 年代末，冯又嫦的导师朱勒·查尼也参与了这项研究工作。查尼领导一个科学家小组调查气候变化问题。他们提出了一些十分重要的问题：使用电脑模型在气候变化方面都进行了哪些研究工作？这些模型可靠程度如何？有关全球变暖的预测是否应该认真对待？

20世纪50年代末，罗杰·莱维尔（见下图）聘用查尔斯·基林从夏威夷毛纳洛亚火山顶设立的监测站（见右下图）检测大气层中二氧化碳的含量。在几年时间里，调查数据显示二氧化碳的含量的确是在增长。

毛纳洛亚二氧化碳含量的变化

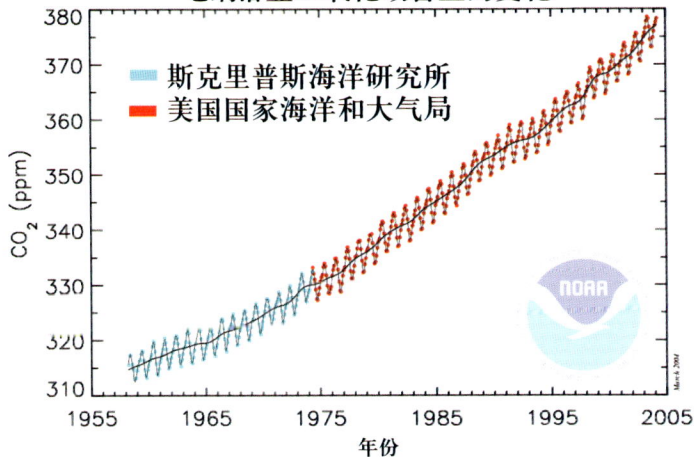

斯克里普斯海洋研究所
美国国家海洋和大气局

1979年，国家科学院出版的《查尼报告》中收录了这个工作小组的研究成果。这份报告宣布一百年后地球温度有可能上升 2.7~8.0 华氏度（1.5~4.4 摄氏度），同时也鼓励对全球变暖问题进行更加深入的研究，因为这有可能导致后果十分严重的气候变化。

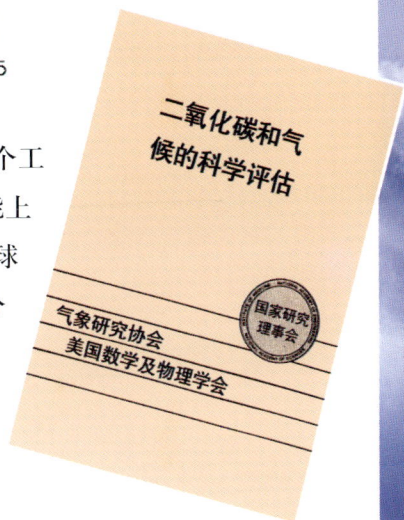

二氧化碳和气候的科学评估

气象研究协会
美国数学及物理学会

国家研究理事会

任务在身

《查尼报告》出版的时候，冯又嫦刚到格达德太空研究院工作。查尼把自己对碳元素的研究热情感染了冯又嫦。他专门叮嘱过她，要她认真研究一下碳元素。虽然冯又嫦在格达德太空研究院的工作和碳元素没有任何关系，但是她认真听取了查尼的建议，不仅认真研究海洋模型，同时也关注碳元素在海洋和大气层中所起的作用。

冯又嫦阅读了大量研究海洋中碳元素的书籍和论文；她经常去请教自己化学界的几位朋友，就是有时有点不合时宜。有一次，她和丈夫还有几个科学家朋友一起去纽约市哈得逊河沿岸参加一个民族音乐节。虽然满耳都是美妙的音乐，但是冯又嫦的脑海里装的却全都是碳元素。她笑着说："我老缠着他们，让他们将碳元素的化学性质讲给我听。不过，他们可真有耐心。"

毛纳洛亚观测站的一份图表显示从1958年到2004年期间，二氧化碳在大气层中的含量的确是在增加（见左上图）。《恰尼报告》（见上图）中呼吁加强对包括二氧化碳在内诸多温室气体对气候变化影响的研究。

后来冯又嫦给查尼写了很多这样的纸条："我花了不少时间研究海洋循环、海洋化学和生物圈（地球环境的生物部分）。我把所有信息都转换成方程式和我们两个人能懂的语言。"

可惜的是，查尼没有用上冯又嫦写给他的这些纸条。朱勒·查尼还没有来得及和冯又嫦一起合作就因癌症于1981年去世了。

冯又嫦失去了人生中一位重要的师长。是查尼把她引领到今天这条道路上，为了纪念他，冯又嫦写道："查尼教导我要多发问、善于发现问题、用心找到问题的答案。更重要的是，他让我学会相信自己……我写论文的时候仍想象着查尼能够看到它们，想象着他会问我一些很难回答的问题，然后在他出差回来以后等着我给他一个答案。"

查尼的去世对冯又嫦是个打击，但并没有让她停住前进的脚步。查尼去世以后，他未竟的事业就成为了冯又嫦的事业。经过对碳元素几年的研究，冯又嫦对它在环境中所起的作用产生了浓厚的兴趣，尤其是在发现这种元素有可能导致全球变暖之后。冯又嫦自己又发现了很多新的问题，并决心要解决它们。用她现在的话来说："我当时已经入迷了。"

制造出更好的模型

冯又嫦最擅长做的事情就是思考、发问、然后掌握事物之间内在的联系。她说："我开始认识到地球各个循环之间是有联系的。每个过程就像是拼图中的一块，拼完整了才能看到整幅画面。至少我希望如此。"这些过程包括地球的生物化学循环，如碳循环、甲烷循环等。冯又嫦意识到正是因为有了这些循环，地球上才有生命的存在。但是这些循环同时对气候也有一定的影响。如果想要进一步改善气候模型，就必须将这些循环也纳入整个系统中。

有这种想法并且身体力行加以应用的科学家并不多，冯又嫦就是他们中的一个。她说："有时我觉得自己就像是一位建筑师，我看到了整个建筑结构。"她想制造出关于这些自然界循环的更好模型，这些模型能够显示化学元素（如二氧化碳和甲烷）在空气、生物、海洋以及陆地之间移动的方式。这样，气候模型就能够准确地表现控制气候的自然系统，能够更好地描述气候变化趋势。

　　冯又嫦从碳元素的研究入手，因为这种元素能够生成二氧化碳，而这种温室气体对气候产生的影响最大。为了制造这个模型，冯又嫦必须首先了解二氧化碳是如何进出大气层的。她计划找到二氧化碳的源头，然后再了解二氧化碳的去处，并将这些编入自己的碳元素模型，再同整个气候模型相结合，更准确地预测二氧化碳在大气中的变化情况，并进而预测地球气候的变化趋势。

光合作用和呼吸作用

　　大气中二氧化碳的含量随季节的变化而增加或减少。

　　春、夏两季，由于光合作用，二氧化碳的含量下降。光合作用是植物为自身生长而获取养分的过程。在这个过程中，植物吸收空气中的二氧化碳（蓝色箭头），然后利用太阳的能量和叶绿素（绿色植物中均含有叶绿素）使二氧化碳与土壤中的水和养分相结合。这个过程能够产生单糖（如葡萄糖），植物将这种单糖储存在细胞组织里作为养分（红色和橙色的箭头）。

　　到了秋天，树叶从树上脱落，植物死亡，被微生物分解。这些微生物通过呼吸系统将二氧化碳释放到空气中（紫色箭头）。

1981年，冯又嫦制造出第一个原始三维全球碳元素模型。她知道光合作用和呼吸作用对空气中二氧化碳含量的季节性升降有很大的影响。冯又嫦解释道："每一棵树，不论是橡树还是棕榈树，在自然界中所起的作用都是一样的。树木通过光合作用吸收二氧化碳，排出氧气和水分。"为了将这些过程编入模型，冯又嫦为每一个过程都写了一个方程式，这样模型就可以表现二氧化碳在大气和生物圈之间的循环过程了。

冯又嫦说："生态学家看一棵树的时候看到的是不同的树种。但是在表现树木是如何影响气候的过程中，树种并不重要，树木本身的特性并不重要，重要的是树木所起的作用。"这是一项了不起的成就，冯又嫦制造出第一个将大气和地球生物圈联系起来的全球三维碳元素模型。

什么叫碳循环？

正是因为有自然界的各种循环过程，整个地球上才会如此生机勃勃。大家比较熟悉的一种循环就是水的循环。地球上的水资源虽然有限，但是却从来都没有枯竭过。

来自太阳的能量使海洋中的水分蒸发，上升到空中形成水蒸气。然后水蒸气冷却、冷凝成水滴，以降水形式（雨或雪）重新回到大地。降水汇聚成河流穿越陆地回到大海里，然后再开始下一个水循环周期。

碳元素的循环也是自然界的循环之一。这种元素和水一样重要，都是生命所必不可少的。实际上，碳元素也被称为生命的基本元素，因为它是构成每一种生命组织的必要成分。

地球上的碳元素蕴藏量十分巨大，其中大部分都储存在岩石里。但是也有很少一部分处于定期循环中，在地球生物之间以及地壳、海洋和大气层之间循环。不过碳元素一般都不单独存在，而是以二氧化碳、甲烷（温室气体）或碳酸钙（构成珊瑚礁的物质，也大量存在于岩石中）等复合形式存在。

右页图表显示了碳元素在陆地、海洋和大气中的循环过程。

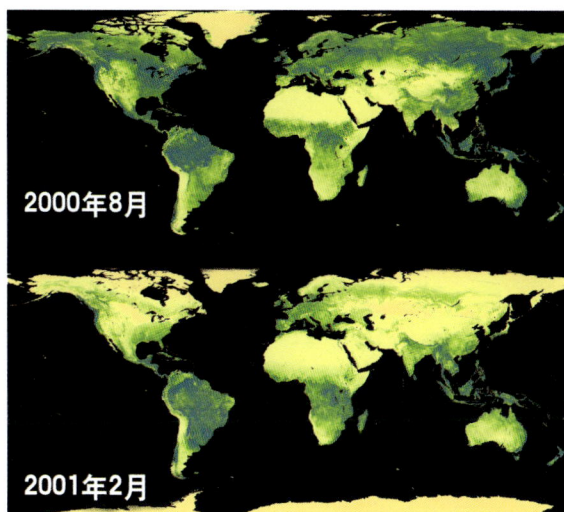

1987年，冯又嫦和美国国家航空航天总署的另外两位科学家，吉姆·塔克和她的老朋友凯蒂·普林提斯，一起进行一项研究。他们使用冯又嫦的碳元素模型，载入由卫星收集到的光合作用和死亡植物物质腐烂分解数据（由塔克开发出来的一种"绿色指数"），表现二氧化碳是如何在植物和大气之间随季节更替而定期变化的。由于在这个研究项目中做出的成绩，冯又嫦荣获国家航空航天总署颁发的优秀科学成就奖章。

卫星数据显示，夏季南北半球的光合作用（绿色）逐渐向两极推移，冬季又移回赤道。

空气中的二氧化碳气体。

海水及海洋植物吸收二氧化碳。腐烂的海洋植物和生物释放二氧化碳。风和水分解岩石同样释放二氧化碳。

绿色植物和树木进行光合作用的时候吸入二氧化碳，然后又将其呼出。

动物吃富含碳元素的植物和其他动物，呼出二氧化碳。腐烂的动物将碳元素释放到土壤里。

腐烂的植物将碳元素释放到土壤里。分解体吞噬死亡的动植物，释放二氧化碳。

几百万年以后，死亡的动植物转化成富含碳元素的化石燃料，如煤炭。燃烧化石燃料会释放二氧化碳。

全球变暖问题逐渐升温

冯又嫦致力于碳元素研究的同时并没有放下格达德太空研究院气候模式中海洋部分的研究工作。20 世纪 80 年代末，格达德太空研究院研制的气候模型显示未来地球有变暖的趋势，但是格达德太空研究院的科学家们对此并不敢十分肯定，因为 20 世纪的气温有升有降，无法获得一个明确的变化模式。此外，海洋能够吸收大气中的热量，因此，即使空气中的二氧化碳含量上升并导致全球变暖，海洋有可能会起缓解作用。

1981 年，格达德太空研究院由吉姆·汉森领导的研究小组发表了一篇论文，论文中预言由于空气中二氧化碳含量的逐渐升高，20 世纪末全球变暖即将成为现实。这项研究成果在格达德太空研究院以外一些领域引起了人们的关注；但是其更大的影响还在后面。

格达德太空研究院的这一发现于 1988 年进入公众视野。同年 6 月的一天，华盛顿特区的温度最高达 100 华氏度（37.8℃），吉姆·汉森向一个参议院委员会作了专题报告。在报告中他说自己和格达德太空研究院这些年以来的研究发现，全球气温正在逐渐上升，并指出导致这一变化的罪魁祸首就是人类排放到空气中的温室气体。在此之前，汉森曾经预言过将来某个时间有可能出现全球变暖现象。而这一次，他表述得更加明确具体了，并表示这一现象实际上已经发生了。

1988 年夏，美国国家航空航天总署的科学家吉姆·汉森（见右图）对一个参议院委员会发布有关全球已经开始变暖的报告以后，全球变暖成为美国各大报刊的头条新闻。

什么是全球变暖？

过去一两百年期间，地球表面温度以及底层大气的温度都开始上升，即全球变暖。到底是什么原因导致全球变暖呢？主要原因就是人类活动释放到大气层中的温室气体（参见第 7 页）。

地球有史以来大部分时期内，大气中二氧化碳的含量自然地有升有降，我们称为冰河时期的寒冷阶段含量最低，两个冰河时期之间较为温暖的时期内达到最高水平。二氧化碳含量的浮动通常都不会超过一个特定的范围。

后来工业革命开始了；18 世纪末到 19 世纪初，欧洲和北美各国开始使用动力驱动的机械设备，大量使用包括煤炭在内的燃料。由于煤炭内富含碳元素，因此燃烧煤会产生二氧化碳。接着，人类又开始大量使用其他含碳燃料，如石油和天然气。排放到空气中的二氧化碳量迅速上升。

工业革命开始之前，大气层中二氧化碳含量最高大约为 280 / 1000000（280ppm）；到了 1958 年，就上升到 315ppm，如今已经高达 380 ppm，而且这一上升趋势仍在持续。

科学家们从 19 世纪开始就知道二氧化碳和地球大气层变暖之间有某种联系。但是很长一段时间以来，他们一直都认为海洋能够吸收人类排放到空气中那些额外的二氧化碳。20 世纪 50 年代后期开始，罗杰·莱维尔和查尔斯·基林所做的工作向人们表明了上述观点是错误的。

莱维尔发现海洋不能很快吸收二氧化碳，因此经过一段时间以后，二氧化碳的含量就会上升。

基林收集数据以了解空气中到底有多少二氧化碳含量，其增长速度有多快。他于 1957 年和 1958 年分别在南极洲和夏威夷一个火山上设置了二氧化碳监测站。这些监测站收集到的数据表明二氧化碳含量正逐年升高。

20 世纪 70 年代后期，气候模型预测地球温度到 20 世纪末将上升 0.9～1.8 华氏度（0.5～1.0℃），到 21 世纪末将上升 2.7～8.0 华氏度（1.5～4.4℃）。到目前为止，实际测得的温度数据均证明这一预测是准确的。20 世纪，地球表面和上层海水的温度都有上升。实际上，刚刚过去的 20 世纪是过去一千年内最暖和的一百年，其中创下最高温度的年份均在 1998～2003 年。

气候模型预测未来全球将会变暖，这将对地球产生巨大的影响。气象学家们预测某些地区将会有更多风暴和降雨，而另外一些地方的干旱将进一步加剧；将来海平面上升将会淹没沿海地区，数以百万计的人将会痛失家园。

了解地球气候的变化原因可以帮助我们预防某些最具破坏性的后果。比如，如果不断增加的二氧化碳含量是个问题的话，人们应该采取什么措施降低它的含量呢？这也是气象学家从事这项研究十分重要的原因。

冯又嫦说："这是有气象记录以来第一次有人宣布已经证实人类活动导致地球变暖。"

这是个大新闻，并迅速上了美国各地报纸和电视节目的头条新闻。全球变暖成为一个重大的环境问题。

不过对汉森的言论还是有不少消极的反应，其中包括来自其他科学家的反对声音。有些科学家认为他过于危言耸听；不少政府官员和业界领袖对此也颇有怨言。如果是因为汽车、工厂、发电厂使用化石燃料造成了这一问题，那么人类就必须改变自己的生活方式，以寻求解决这一问题的方法，届时有可能要求车辆排气管和工厂烟囱上安装污染控制装置，要求汽车和卡车转用更加清洁的燃料，以减少二氧化碳的排放。这些变化都需要大量的资金。

发电厂和造纸厂等工厂大量燃烧化石燃料（下图），导致大量二氧化碳等温室气体进入大气层。

汉森因为这一研究发现承受了不小压力，但是事实证明他所领导的格达德太空研究院团队是对的。20世纪80年代成为20世纪前80年温度最高的10年，到了90年代，新的高温记录又出现了，其中有几年的气温达到有史以来的最高记录。

和格达德太空研究院团队其他成员一样，冯又嫦也坚决支持汉森的言论。她十分佩服汉森的勇气，因为他敢于让公众了解有关研究数据，虽然这会让很多人难以接受。冯又嫦说："我从汉森的勇气中，以及他对真理的坚持中学到了很多东西。"

失踪了的碳元素

由于对全球变暖问题的关注和争论，对大气中二氧化碳的研究很快有了更多进展。20世纪90年代，冯又嫦与皮埃特·汤斯和高桥太郎一起合作撰写了一篇论文，讨论设置新的二氧化碳监测站的地点问题。这本来是个常规的研究项目，但是当他们把有关化石燃料源及海洋吸收二氧化碳的有关数据输入数学模式以后，总数却并不相符。冯又嫦解释道："我们高估了大气中南北二氧化碳的梯度。"换言之，同实际情况相比，数学模式显示北半球的二氧化碳含量过高，而南半球则过低。

因为世界大部分人口生活在北半球，因此这里也是人为制造二氧化碳比较多的地方，所以这里的二氧化碳含量应该比较高。但是，实际观测所得数据远低于冯又嫦通过模型获得的数据。这些失踪了的二氧化碳究竟去了哪里呢？

冯又嫦和她的合作伙伴们开始对这个问题进行研究。大部分科学家都认为南半球大面积的海洋吸收了人类活动产生的大部分二氧化碳。高桥获得的南半球海洋数据进一步证实了这一观点。但是当冯又嫦将这一因素考虑进去以后，数字还是对不上。实际上，南半球的数字反而让结果更加偏离现实了。

那么是不是北半球的海洋吸收了剩下的二氧化碳呢？不是，这样也不对。科学家们也收集了有关北半球的海洋数据，结果证明失踪的二氧化碳也不在那里。

冯又嫦说："我们没有别的选择，只能认为是北半球的陆地吸收了这部分二氧化碳。而这正是其他科学家从来都没有想到过的地方。我们的论文发表在《科学》杂志上。我的朋友看到这篇文章后对我说：'你们的结论不对。'我说：'有可能，但是你得证明我不对才行。'他们证明不了。根本就没有支持他们观点的数据。"

实际上，没有人可以证明冯又嫦是错的，因为她所使用的逻辑是正确的。冯又嫦使用数学模型预测有一个巨大的"坑"吸收了地球上额外的二氧化碳。

这是一个划时代的重大发现，因为这个结论推翻了世界上几乎所有气象学家之前有关大部分碳循环的观点。冯又嫦说："那篇论文是研究碳循环过程中的一个转折点。此前，海洋学家们都认为海洋吸收了大气中大部分化石燃料产生的二氧化碳，而陆地在这方面所起的作用很小。但是根据我们的研究，陆地和海洋在吸收化石燃料燃烧产生的二氧化碳方面所起的作用几乎是相同的。这种现象同样发生在科学家们关注较多的北半球。"

> 实际上，没有人可以证明冯又嫦是错的，因为她所使用的逻辑是正确的。冯又嫦使用数学模型预测有一个巨大的"坑"吸收了地球上额外的二氧化碳。

批评者抓住了冯又嫦这篇论文的一个弱点，即文章并没有回答这些二氧化碳到底去了哪里的问题。冯又嫦说："所有的人都在指责我们，但是指责的重点却不一样。海洋学家和生态学家攻击我们的模型。大气研究学者认为我们不能根据贫乏的陆地和海洋数据得出这样的结论。结果，人们启动了大量新的观测计划。此外，还有几个研究团体也开始使用模型进行研究。但是他们得出的结论全都和我们一样。现在，已经有了一个全球性的研究项目，全球模型数量也超过了15个。"

如果你想了解二氧化碳是如何影响气候和人类的，那么了解它是如何进入大气层以及如何离开大气层这个问题至关重要。冯又嫦为这个难解的谜局拼上了一块大拼图。

　　冯又嫦接着说："这就是科学之所以吸引人的原因。开始的时候我们要解决的问题并不是这些碳元素到哪里去了。而是想当然地认为自己知道这个问题的答案。但是当我们开始沿着那条路探索下去以后，就发现自己对本以为知道的事情其实全然不知。"

　　冯又嫦说："在科学的道路上，每走错一步都有可能让我们学会新的知识。"在这次研究过程中，他们所犯的这个错误让他们有了一个重大的发现。

孩提时代，冯又嫦就喜欢在香港附近的海湾畅游。她一生都很喜欢大海。

如今，她在温哥华岛的海滩附近拥有一幢房子。

8

小挫折，大发现

继二氧化碳以后，冯又嫦开始着手研究另外一种重要的温室气体——甲烷。和二氧化碳一样，甲烷也是一种微量气体；从数量上说，它在大气中所占比例很小。实际上，它在大气中的含量比二氧化碳还要少。但是由于它的存在，全球变暖这一问题变得更加严重。每一个甲烷分子对大气变暖的影响力是一个二氧化碳分子作用的 23 倍。

猪与稻田

在制造甲烷模型以前，冯又嫦必须先研究甲烷是如何进入大气层，又是如何离开大气层的。这种气体的来源有这样几个：它是天然气的主要成分；环境中含少量氧气的有机物腐烂后也会释放甲烷；奶牛、猪和羊的胃里会产生这种气体；天然气输送管道泄露会释放甲烷；煤矿会有甲烷泄露；垃圾场里的垃圾腐烂也会产生甲烷。甲烷通常会在大气中停留几年才能被分解或渗入土壤。

在维多利亚的新家，冯又嫦和吉姆步行五分钟就可以到达太平洋（见左页图）。在海面平静的时候，他们喜欢去那里划皮艇。此外，他们两人还去美国西部旅游，上图为冯又嫦在亚利桑那州的彻理大峡谷留影。

对冯又嫦和吉姆来说，告别纽约就意味着告别了繁华的都市。不过离开这里以后，冯又嫦仍然将继续自己的研究项目。

吉姆·汉森不想让冯又嫦走；他告诉她留在国家航空航天总署能够更好地继续她的科学研究工作。当冯又嫦坚持想要去维多利亚看一看的时候，汉森还是不想完全放手。冯又嫦说："他说如果我做全职的研究人员，一定能够在科学界作出更大的贡献。当我告诉他最后还是决定要走以后，汉森还是很支持我的决定。他允许我享受国家航空航天总署停薪留职的待遇。"这样冯又嫦就可以继续保留自己在这里的研究项目了。

虽然最终选择离开国家航空航天总署，冯又嫦对这个让她成长为科学家的地方心怀感激。她说："汉森从来都不命令我去做什么或不做什么。那里的环境一点都不死板，每个人都有可以探索的空间；那里都是一些聪明的人在做有趣的研究。虽然开始的时候我并不是什么都懂，但是慢慢的我学到了很多东西。不少慷慨

向西三千英里，冯又嫦和吉姆在维多利亚郊区农场安顿下来。同曼哈顿相比，这里的生活变得更加宁静，生活节奏也放慢了。

的同事还愿意和我一起分享他们的研究成果。最重要的是，汉森是个好老板；他虽然不了解科研工作的所有细节问题，但是仍能认识到科学的重要意义。"

76

有些科学家终生都有一位导师指导自己的职业生涯。冯又嫦却在 1981 年失去了自己的导师朱勒·查尼。但她还是以自己天生的好奇心、后天的勤奋努力和坚韧不拔的个性最终获得了成功。她说:"我觉得我其实不需要一个正规意义上的导师或榜样。学习和探索本身就很令人兴奋,就是靠这些,我走到现在。我很幸运交的朋友全都诚实可靠,直言不讳地告诉我他们心里的想法。"

前往加拿大

冯又嫦和吉姆十分期待去维多利亚大学担任教职。但是离开纽约市对他们来说却是难以决择的事。在这里居住了 15 年的时间,冯又嫦已经成为真正意义上的纽约人。她深情地回忆道:"整条街的人都认识我,卖巧克力的、卖肉的、熟食店老板、干洗店职员,他们全都认识我,就连街上的乞丐都认识我。离开纽约就意味着要放弃下东区的卡布奇诺咖啡和奶油甜馅煎饼卷、百老汇的戏剧,深夜下班回家也不能去路边店里叫外卖食品了。"此外,她还得放弃曼哈顿舒适的公寓。

现在向西三千英里,冯又嫦和吉姆在维多利亚郊区农场安顿下来。同曼哈顿相比,这里的生活变得更加宁静,生活节奏也放慢了。他们需要一段时间才能慢慢适应。他们的房子后面有一个游泳池,如果里面没有什么其他生物的话,冯又嫦就可以在这里游泳。冯又嫦回忆道:"有一次,一大家子浣熊穿过温柏树林,到游泳池里洗澡。还有一次,我在游泳池旁边看到一只水獭。那只水獭很大,看上去有点吓人。不过它看上去实在是太舒服了,我们都不愿意去打扰它。野鸭也经常到这里来。"

在温哥华岛居住有一件最美妙的事情,那就是可以很方便地划皮艇出海。上图为吉姆享受悠闲时光,冯又嫦在岸上为他拍照。

1993 年庆祝父亲生日的时候，冯又嫦和家人去阿拉斯加的冰川湾旅游。

自从孩童时期在香港附近的海湾畅游开始，冯又嫦就十分喜爱大海。如今，她终于在温哥华岛海滩附近拥有了自己的住房。当两个人都有时间的时候，冯又嫦和吉姆就会一人抬起双人皮艇的一头，把它放到水里。冯又嫦回忆道："我们从自己的家步行五分钟就可以到海里划船了。我们在水里的时候，有些海豹会从水里伸出头来看我们。"冯又嫦十分享受温哥华岛的自然环境。她说："有的时候，我们会在小岛南海岸的沙滩上散步，那里的海湾漂亮极了，海滩上有大块的原木，森林，薄薄的暮霭，让那里有时显得很神秘。那里有很多海洋生物，是内容丰富的大自然。"

从教室到世界的边缘

去维多利亚之前，冯又嫦从来都没有在学校里教过书，但是她热爱这个能够把自己对科学的热情传递给学生的职业。冯又嫦教授的课程中有一科是地球学概述，学生都很认真，也很感兴趣。不过她还是怀念每天都和一个固定的团队一起工作的过去时光，怀念一起寻找重要问题答案的那些同事。

冯又嫦一直都没有中断和国家航空航天总署在研究事业上的联系。她同纽约的博士后研究团队继续保持联系，甚至经常邀请他们到维多利亚来，以方便指导他们的论文写作。冯又嫦解释道："每一个博士后都知道自己需要到维多利亚呆上两个星期的时间。他们都会有备而来，整理好自己的图表和论文大纲。他们知道到这里来以后，我除了到学校教书，就是和他们一起讨论论文。"

冯又嫦热爱这种时光。他们会一起讨论或辩论科学问题，还会一起外出旅游。如果客人需要休息一下，就可以开上冯又嫦那辆红色的小本田思域到小岛西边的海滩去。那里有雨林，还能看到太平洋里的鲸鱼。冯又嫦说："维多利亚离曼哈顿太远了；他们都觉得到了那里就到了世界的边缘了。"

与此同时，他们也在进行重要的科学研究。1995年，冯又嫦与博士后伊娜·泰根合作开发灰尘模型。没错，即使是微不足道的灰尘也是气候变化谜局中很重要的一块拼图。尤其是在干旱地区，风吹动灰尘，把它们带到高空。细细的灰尘粒子能够在空中漂浮很长一段时间，并环绕地球漂浮到很远的地方。这些颗粒能够将太阳能反射回太空，从而降低地球的温度。

冯又嫦1995年发表的论文就是关于这个领域的，一经发表即在科学界引发不小的争论。冯又嫦和伊娜宣布大气中一半数量的灰尘都是人类破坏植被、造成水土流失的活动所引起的。这些活动包括土地耕种、过度放牧以及砍伐森林。

1995年，冯又嫦著文强调人类活动产生了大气层中所含的一半灰尘量。砍伐森林（见上图）以及耕种田地（见左图）都是破坏植被的行为，从而使土壤裸露出来。

这对未来的气候变化有什么影响吗？上一个冰河时期，大气层中的灰尘含量就超过正常水平。如果灰尘继续增加的话，是否地球不久就会迎来下一个冰河时期呢？应该不会，尤其是空气中的二氧化碳和其他温室气体含量在不断增加。但是冯又嫦的灰尘模型现在已经被纳入国家航空航天总署格达德太空研究院的气候模型，有朝一日一定能够让人们更加了解灰尘和气候变化之间的联系。

诱人的机会

在维多利亚居住了三年以后，冯又嫦又迎来了另外一个新的教职机会。加州大学伯克利分校要创建一个大气学研究中心，需要一位主任。冯又嫦是否可以担任这一职位呢？

她的第一个回答是不行。她想，我可不想做什么主任，要开那么多会，还有一大堆文件。冯又嫦的几个朋友却劝她接受这一邀请。加州大学伯克利分校是美国最负盛名的大学之一。尽管如此，她还是不感兴趣。

就在这时，一位朋友的话改变了她的主意。冯又嫦说："他知道该从哪里下手。他说，你一定得去，去证明女人也能够做到这些。这个领域不再是男人的专利。"听到这一席话，冯又嫦开始动心了：或许我真的应该认真考虑考虑。

冯又嫦决定在伯克利就自己近来对灰尘循环的研究举行一次研讨会。她想：如果想要了解一所大学及其办学理念，还有比这更好的机会吗？她回忆道："我到那以后，立即就知道了，我可以和这里的人合作！我很兴奋。现在，我真的想要这份工作了。"

和这里的教师与学生交谈过以后，冯又嫦意识到，加州大学伯克利分校绝对是个进行探索和学习的好地方。她说："这里的人都愿意把自己掌握的知识告诉我，对学习新知识也有浓厚的兴趣。我发表完自己对灰尘循环的见解后，有人问我是否能够将我的发现和

查尔斯·达尔文的发现联系起来。地质学家沃特·阿尔瓦莱兹让我看了一些岩石，这些岩石层里带有灭绝恐龙的陨石撞击辐射的微尘。这里的教师和学生除了自己的专业知识以外还掌握了其他专业领域最新知识。每个人都充满生气，学生都很聪明，我觉得自己在这里一定能够学到不少新东西。"

冯又嫦提出申请并顺利获得了这个职位。1997年，她成为加州大学伯克利分校大气学研究中心的第一任主任。她丈夫吉姆也在附近的劳伦斯伯克利国家实验室内获得了一份海洋学研究工作。冯又嫦和吉姆又一次收拾行装搬家了，继续他们在科学道路上一生的探索，寻求更富挑战性的发展机会。

去加州大学伯克利分校任职之前，冯又嫦重返香港探亲访友。

冯又嫦并不惧怕批评和暂时的挫折。
她表示："这些都不是致命的。"

不论是批评还是挫折，你
都可以从中得到教训。

9

冰与碳

对于冯又嫦来说,即使是地球的尽头也有可能藏着一片破解气候之谜的拼图。南极洲东方站位于南极冰原,以零下129华氏度(零下53.9℃)的低温创地球最低温度记录。经过 1992～1998 年多年的努力,科学家们终于从南极洲东方站两英里深处取出一块冰芯。这块冰芯内含有气泡层,全都是地球远古时期的空气。此外,冰芯中还有地球 42 万年历史中积累下来的雪、灰尘和化学元素;其中包括最近四个冰河时期留下的物质。

冯又嫦说,气象模型需要解释新的现象。南极洲东方站冰芯内包含的信息就是对气象学家提出的新挑战,它显示了过去几个冰河时期以及相对温暖时期内地球空气中温室气体的含量。气候模型是否能够通过这些信息确定过去的气候状况呢?

1997 年在澳大利亚举行的一次国际会议上,冯又嫦跟随一些生态学者去戴茵树河(见左页图)进行现场考察。就在同一时间,南极洲东方站(见上图)的科学家们正从两英里深处取出一块冰芯,其中含有地球古代大气层的气泡。

答案就在冰中?

那块冰芯样本中有可能蕴藏着地球未来气候之谜的答案。冯又嫦开玩笑地说:"我是在外面散步的时候想到这一点的。"

对于冯又嫦来说，南极洲东方站的冰芯本身就是一个谜底刚刚开始揭晓的谜语。这块冰芯样本显示，在其形成期间，二氧化碳含量最低曾经降低到200ppm，最高升至280ppm。如今，空气中的二氧化碳含量已经高达380ppm，这就意味着是比过去50万年的水平都要高。

冯又嫦说："现在的水平已经超过了冰芯形成时期的最高水平。因此，我们想要弄清楚这对地球气候变化有什么影响。"换言之，在灾难降临之前，我们还可以向空中排放多少二氧化碳？

冯又嫦脑子里有很多问题，这些问题都能够启发新的科学研究。例如，冰芯中蕴藏的信息有可能可以解答灰尘在气候变化中到底起什么作用这一问题。在冰河时期，灰尘含量很高，这一发现似乎很合常理。因为灰尘数量增加会分散太阳光，阻止地球吸收太阳能。这就会导致地球表面的温度进一步下降。但是，是否有可能还存在另外一个降温机制呢，比如和灰尘中铁元素相关的降温机制？

从20世纪50年代末开始，南极洲东方站就常年运作。科学家使用下图中高耸的钻塔从南极冰层中取样。

科学家们知道，降落到海水里的灰尘颗粒内有铁元素，它能够让海洋中的植物更好地生长。冯又嫦在2002年的一篇论文中指出，铁元素之所以让海洋植物生长得更好，是因为它能够让这些植物更好地吸收氮元素，而氮是植物进行光合作用所必不可少的。海洋植物的光合作用增强就会消耗更多的二氧化碳，从而导致海水表面的二氧化碳含量降低，因此植物就开始吸收空气中的二氧化碳。这有可能会产生怎样的后果呢？地球留住热量的能力就会下降。因此，海洋中灰尘数量的增加会导致空气中二氧化碳的含量降低，从而使地球表面温度下降。

就像冯又嫦在1995年的一篇论文中所指出的那样，人类破坏土壤表面植被，导致土壤裸露在外面的诸多活动都将使空气中的灰尘数量增加。不仅如此，随着地球温度上升，干旱地区的面积将逐渐扩大。风会将这些地区干燥、裸露的土壤吹到空中，散布到大气层。

全球变暖会导致全球变冷？这是个有趣的问题。但是冯又嫦认为这种情况不大可能会发生，至少现在不会。冯又嫦认为："现在不可能再回到冰河时期，就算应该有的，现在也不大可能了。因为地球上的汽车数量越来越多，空气中的二氧化碳含量也越来越高。"过去曾经有过气候发生突变的情况，气象学家还没有确认到底是什么原因导致了这种突变。但是冯又嫦认为，人类正在试探大气层的承受极限；一旦大气层再也无法承受，就有可能发生气候的再次突然变化。

这些变化会产生怎样的后果，冯又嫦对此抱有很浓厚的兴趣。她说："就在上一个冰河时期前，我们知道空气中的二氧化碳含量下降，气温变低。我们还知道灰尘的数量也上升了。也许海洋中灰尘所含铁元素增加，刺激了海洋植物的生长，从而从空气中吸收更多二氧化碳，使气温进一步降低。"

当然，对于冯又嫦来说，新的发现只能让她提更多问题。因此，下一个问题就是：为什么降温没有永远地持续下去？换言之，是什么阻止了导致冰河时期的降温过程，让地球又有机会变暖？冯又嫦也不知道。当她在城里散步的时候，她就在不断思考，并希望有朝一日能够回答这些问题。

最后一个问题

冯又嫦喜欢设计理论，然后拿出来让大家讨论；通常情况下，辩论的结果都证明她是对的。但这并不是说她就不需要面对批评的声音了。还记得 1990 年的时候她发表论文表示北半球的陆地吸收了那些"失踪了的"二氧化碳吗？很多科学家都认为她的理论十分荒诞，但是新数据的出现却证明她是对的。

后来冯又嫦又发表了一篇论文，人类活动产生的灰尘有可能占大气中灰尘含量的一半。冯又嫦笑着说："就因为这个假设，我几乎成了一个活靶子，没少被人批评。但就因为这样，我们今天对灰尘的认识和了解才有了很大的进步。"

冯又嫦并不惧怕批评和暂时的挫折。她表示："这些都不是致命的。"不论是批评还是挫折，你都可以从中得到教训。实际上，她有的时候还喜欢有一些这样的争议呢。她说："如果你发表了讲话，所有在座的人全都同意我的观点，那多没劲。我喜欢有来有往的交流，就像打网球的时候遇到旗鼓相当的对手一样。"

科学家也很有幽默感，能够做到跟她有来有往。冯又嫦回忆道："有一次参加会议，一位年轻人的发言主题是海洋的铁元素吸收情况，他用一张灰尘分布图讲解自己的观点。于是我站起来问他：'你认为那张地图有多可靠？'他说'我不知道，是位女科学家做的。'于是我又问'那你认为那位女科学家的研究成果有多可靠？'当时所有人都开怀大笑起来。因为他们知道我就是那位制作地图的女科学家。"

重提碳元素

冯又嫦的直言和敢言也为她赢得了不少赞誉；现在的她和40年前从中国香港刚来美国的时候那个安静的姑娘相比简直判若两人。在冯又嫦几年前的研究基础上，美国和欧洲国家现在又有了新的碳元素模型。

如今，冯又嫦已经不在美国国家航空航天总署工作了，也不再继续从事有关格达德太空研究院模型的研究工作。和很多美国大

1997年参加有关二氧化碳研究的国际会议期间，冯又嫦和其他科学家考察了一处美洲红树林。红树林是鱼类等许多生物的沿海栖息地，在碳循环中起着重要的作用。

学里的科学家一样，冯又嫦新的研究课题是国家气象研究中心的社区气候系统模型。几年前，冯又嫦和科学家司各特·唐尼一起说服国家气象研究中心的科学家们将碳元素模型纳入他们的气候模型中。冯又嫦说："我就告诉他们，你们真的需要这个，只是你们还不知道自己需要这个。"

冯又嫦和同事皮尔斯·塞勒（左）及鲍勃·狄金森合影。这三位科学家加上吉姆·塔克共同绘制出生物圈在全球范围内产生影响的研究蓝图。

像她以前制作的模型一样，冯又嫦的新模型也建立在碳元素循环的基础上。不同的是，她在原来的模型中必须明确大气中二氧化碳的含量，模型必须能够产生一种特定的气候模式。但是新的模型却是为了预测二氧化碳含量的。她开玩笑地说："谁知道呢，这个方向有可能是错的，但是从这个错误中我又能得到新的知识。"

新模型是在冯又嫦和她几位同事过去二十多年来研究成果的基础上创建出来的。国家航空航天总署的科学家吉姆·塔克研究了植物的叶子在光合作用的过程中是如何使用能量的。他使用卫星追踪地球表面光合作用每个月以及每一年的变化轨迹。皮尔斯·塞勒当初在国家航空航天总署的时候就认识到温度、阳光以及湿度对植物生长过程中从空气里吸收二氧化碳的程度都有影响，对植物失去水分降低温度的过程也有影响。皮尔斯写出了方程式，能够解释地球表面任何时间所发生光合作用的数量，从而帮助人们更好地认识塔克制作出来的地图。鲍勃·狄金森主要研究植物使用水分的方式以及这一部分水分对气候产生的影响。最后，冯又嫦综合研究所有这些过程是如何影响进出大气层二氧化碳的数量的。在科学史上，这些科学家第一次使用数学方式解释清楚了生物圈在全球范围内产生的影响作用。冯又嫦就是使用这些方程式开发了自己全新的碳元素气候模型。

新模型十分独特，因为它不仅考虑到气候的变化对空气中二氧化碳含量的影响，还考虑到空气中二氧化碳含量反过来对气候所产生的影响。冯又嫦说："温度和降雨量的变化改变了植物进行光合作用的速度以及植物分解的速度。"这对释放到空气中或从空气中吸收二氧化碳的数量都有影响。"全球变暖很有可能会降低海洋循环的速度，减少海洋从空气中吸收二氧化碳的数量。这些因素都有可能会改变空气中二氧化碳的含量以及整个地球上的气候。"

　　冯又嫦在麻省理工学院时的老朋友、同为气象学家的埃德·萨拉奇克说："冯又嫦是最早提出这个观点的人之一。你不仅需要将大气因素同海洋和陆地结合起来，还需要将碳循环纳入整个大气层、海洋和陆地。这样才能够获得气候变化中的二氧化碳含量。"

　　这一切都是为了让人们越来越接近事情的真相。冯又嫦解释道："我现在对'为什么'这个问题的研究更深入了一层，为什么二氧化碳的含量会发生变化呢？为了回答这个问题，我要了解我们每年燃烧多少化石燃料以及整个陆地和海洋系统是如何吸收这些排放出来的二氧化碳的。我去研究灰尘是因为它能够改变地面和大气吸收的太阳热量。灰尘将铁元素带入大海，改变了海洋的生物状态。而这反过来又改变了大气中的二氧化碳含量。所以我现在已经准备好去解决更多的问题了。"

冯又嫦解释道："我现在对'为什么'这个问题的研究更深入了一层，为什么二氧化碳的含量会发生变化呢？"

　　这就是冯又嫦所具备的一个能力：她掌握不同领域的知识，并且能够融会贯通地使用这些知识来破解气候之谜，让我们对气候变化有更加深入的了解。

冯又嫦的职业生涯中曾多次获奖，

这些奖项都是为了表彰她在全球气候变化领域做出的突出研究成果。

10

继续前进

从香港到波士顿、再到华盛顿、纽约和维多利亚，现在又来到伯克利；有些人自出生之日开始就从来都没有离开过自己的出生地；但是冯又嫦却不惜漂洋过海、长途跋涉，执著地追求自己的教育和科学探索道路。如今已经年近花甲的冯又嫦住在加州北部伯克利山上的一幢老房子里，像她自己说的那样，"从校园开车上山，20分钟就到了。"

冯又嫦和她的丈夫吉姆平常工作都很忙。身为海洋学家的吉姆也在研究海洋中的碳循环。他说："如果你想弄明白我的研究和冯又嫦的有什么不同，你可以这么理解：冯又嫦研究海面以上的部分，而我研究海面以下的那部分。"吉姆经常乘船出海，一去就是几个星期，主要是收集有关海洋的数据。

如果冯又嫦和吉姆都在家，他们喜欢去伯克利散步，或者开车大约一个半小时到太平洋海岸，在那里的沙滩上散步。如果条件允许的话，他们也会外出旅行。他们最近去了一次夏威夷；冯又嫦什么时候都不会忘记自己气象学家的身份，她不惧道路的艰难坚持去了毛纳洛亚。40多年前就在这个火山顶上，建设了第一个大气中二氧化碳含量的监测站。

2002年，冯又嫦成为国家科学院的成员（左页图），以表彰她在研究碳循环和有关气候变化其他相关因素方面做出的突出成就。如今已经年近花甲的冯又嫦仍在寻找新的挑战（见上图）。

冯又嫦十分热爱烹饪，她的厨房是周末下午的实验场地，当然主角是食物，而不是示踪气体。冯又嫦和她最好的朋友琳达·罗德斯特罗喜欢聚在冯又嫦的厨房一起烹制食品。她们会精心挑选菜谱，然后亲手烹饪。对她们来说，烹饪是个乐趣，但是冯又嫦仍不失科学家本色，即使是在烹饪的时候也不忘探索。

这两个同为科学家的好朋友会认真研究菜谱，想弄清楚为什么要使用某些原料，或为什么不使用其他原料。她们会分析每一种原料，了解为什么有些菜谱行得通，有些却不行。有的时候，她们要做好计划，为有很多人参加的聚会准备食品。冯又嫦说："这种时候我们就得好好练一练了。"不过大部分情况不需要这么正式。她们试过一种菜谱以后就会邀请在家暂住的客人或附近的朋友和邻居前来分享。有时，并不是一切都能够按计划进行。有一天，冯又嫦和琳达把羊肉包在粗盐里烤。冯又嫦解释道："用盐把肉包起来，只要有一点水分，盐就会开始溶解。但是接着，溶化的盐就形成了一个硬壳。"让她们吃惊的是，包在里面的肉并不咸，相反，在盐壳里加热以后，羊肉变得美味多汁。不过后来她们把羊肉取出来颇费了点工夫，因为盐壳硬得就像是石膏一样。冯又嫦笑着说："那个壳实在是太硬了，我们根本就拿不下来。"

> 她尽自己最大的努力吸引更多学生，让自己所教授的这门学科更加有趣；而这正是多年以前她在麻省理工学院的老师们所做的。

吉姆说："我记得那一次，最后是我拿了把榔头把硬壳打破的。"幸运的是，里面的肉味道很好。况且，就像冯又嫦经常说的那样，失败是个好老师，不论是烹饪还是科学，均同此理。"你有可能会犯错误，但是下一次再做这道菜的时候，你就清楚自己应该怎么做了。"

教师

如果不是在自己家里休息，冯又嫦通常都在伯克利校园那间宽敞但有些凌乱的办公室里，在办公室门外的墙上挂着一幅巨大的世

界卫星地图。如果不是在办公室里，那么她一般就在教室里。冯又嫦喜欢和自己的学生交流，尤其喜欢教授地球学和环境学的入门课程。她始终希望自己能够留住几个学生继续从事科学研究工作，当然，大部分学生选修她所教授课程的时候并没有这个打算。她尽自己最大的努力吸引更多学生，让自己所教授的这门学科更加有趣；而这正是多年以前她在麻省理工学院的老师们所做的。

冯又嫦是个念旧的人，和老朋友经常保持联系。左图为她和吉姆（后左一）陪同她在麻省理工学院的老教授埃德华·洛伦兹和加州大学伯克利分校的詹姆斯·克彻纳游览旧金山附近的塔玛尔帕斯山。如今，加州大学伯克利分校（见下图）是冯又嫦从事研究和教学工作的新家。

每个星期的新生研讨会上，冯又嫦都会和全班一起午餐，边吃三明治边讨论大气层问题。她十分推崇自己的学生："他们全都很聪明，充满生气。大部分都是第一代公民，也就是移民的孩子。有些学生的家长很不容易，所以这些学生是通过自己的努力上了大学，这对他们来说意义十分重大。"

冯又嫦十分喜欢教学工作，因为这项工作充满乐趣。她说："我真的喜欢这些教学内容。我喜欢告诉新生什么是物理学，什么是生物学。我喜欢向学生们解释这些学科的重要意义，就像你刚看了一部好电影或读了一本好书忍不住要向周围的人推荐一样。"

如果学生选修了冯又嫦的课他们就不会半途而废。她经常邀请自己的科学家朋友来为学生们讲述自己研究发现和旅行中的趣事。

20世纪80年代和90年代初在国家航空航天总署的时候，冯又嫦与皮尔斯·塞勒斯曾一起合作几个研究项目。后来皮尔斯为了实现自己毕生的梦想离开了科研工作，并终于在1996年当上了一名宇航员。他乘亚特兰蒂斯号航天飞机升空，并完成了几次太空行走任务。后来当他途经伯克利的时候，应邀到冯又嫦的班上讲述自己的太空经历，让全班学生兴奋不已。能够为自己的老朋友做点事情，他感到十分高兴。

皮尔斯说："她是个好科学家，同时也是个好朋友。她处处为人着想，有幽默感，是个非常好的谈话伙伴。大家都喜欢她，喜欢支持她，为她获得的成功感到由衷的高兴。"

为环保大声疾呼

身为教师，冯又嫦依然秉承了作为气象学研究学者的思维方式。她总是着眼于大事，寻找自己感兴趣问题的答案。教授学生的时候，冯又嫦想："怎样才能教育出具有良好教养的公民呢？"在她的答案中，了解自然环境方面的知识总是占有一席之地。

因此，冯又嫦的最新兴趣就是环保教育。她认为，有良好教养的人就应该对环境有一定的了解；环境领域的知识就像历史和数学知识一样重要。

在过去几年时间里，冯又嫦和其他人一起，致力于在加州大学伯克利分校启动一个全新的环保教育项目。他们希望将环境研究纳入每一个学生的教育培养计划中。冯又嫦解释道："每一个人都依赖地球的自然体系，我们应该了解这一体系是如何支持人类发展的。"这个项目中还有一项内容，冯又嫦愿意帮助加州大学伯克利分校不同学科领域的研究团队一起合作解决一些重要的环境问题。

> 每个星期的新生研讨会上，冯又嫦都会和全班一起午餐，边吃三明治边讨论大气层问题。

冯又嫦了解地球自然体系的运作方式，同时也了解人类活动导致这些体系失去平衡后可能产生的后果。到那个时候，资源枯竭，动植物死亡，就连气候模式也有可能发生改变。

冯又嫦说："我热爱、尊重这个星球，还有整个有机体系，所以这个项目很重要。如果公众了解整个环境，他们就会了解支持人类发展的整个系统。人们应该了解自己每天所作所为将会产生哪些长期的影响以及这些对生命赖以存在的地球系统有什么样的影响。"

获得众多奖励和荣誉

由于在全球气候变化领域取得了突出的研究成果，冯又嫦获得了很多奖励。2001 年，她入选美国国家科学院。她说："我父母虽然没有多说什么，但是他们非常骄傲。他们年纪大了，没有办法参加我的入选典礼。我穿着母亲的礼服参加了典礼，她说真希望她自己的母亲还活着，能够亲眼看到这一切。"

加入美国国家科学院以后，冯又嫦收到一份证书（见上图）。左图为冯又嫦和同时加入国家科学院的另外两名女科学家合影：中为植物生物学家帕特·赞布里斯基，右为生物力学家米米·寇尔。

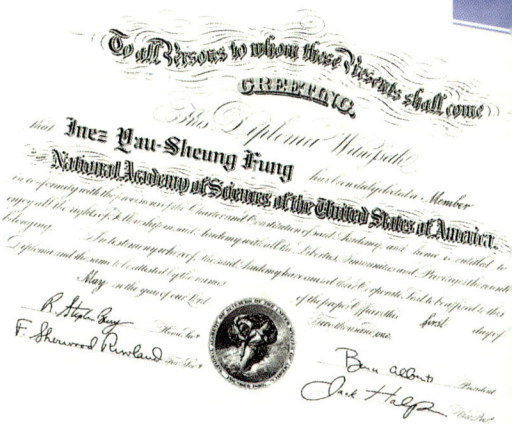

2004 年 12 月，冯又嫦获得美国地球物理学会颁发的莱维尔奖章。美国地球物理学会是全球最大的地球学科学家协会，莱维尔奖章主要用于表彰在地球学领域作出突出贡献的科学家。该奖章是以罗杰·莱维尔的名字命名的，正是这位海洋学家当初带头就全球变暖所带来的可能危险向人类敲响了警钟。

冯又嫦是获得该奖章的第二位女科学家。在颁奖典礼上，主持人是这样介绍她："冯又嫦是科学界的先锋。当其他人还没有意识到某些问题的重要意义时，冯又嫦就已经能够在这些领域有突出的发现了。一路走来，她为生物地球学这一新兴学科奠定了坚实的发展基础。此外，她还开发出很多关键的模型和数字分析技巧，直到今天，这些模型和技巧仍在被广泛使用。"

2004 年，美国地球物理学会主席约翰·奥克特向冯又嫦颁发莱维尔奖章（见上图）。冯又嫦（见右图前排中间）经常参加国际研讨会，这是 1998 年在梵蒂冈教皇科学院一次研讨会后留影。

冯又嫦对罗杰·莱维尔有一种特殊的敬意和感情，因为他是冯又嫦加入的第一个科学委员会的主席。与冯又嫦一起合作过的莱维尔认为她是个"了不起"的女人。发表获奖感言的时候，冯又嫦谈到了莱维尔对自己科学研究事业的影响。他开始研究全球变暖问题的时候，很多科学家都还没有认识到这个问题的重要性。冯又嫦还谈到了有关莱维尔的另外一件鲜有人知的事情。约翰·肯尼迪任美国总统的时候，莱维尔在巴基斯坦工作。他帮助当地人设计了灌溉系统，让贫困的农民能够收获更多的食物。她说这项工作就是"地球科学服务于全球和平"的最好例子；而且她也从中受到很大启发。

当之无愧的好朋友

对于冯又嫦来说，还有比获奖更重要的事情，那就是她30年前在麻省理工学院读书的时候交的那些好朋友。他们曾在一起谈论各自的工作，并在有人需要的时候及时伸出援手。

冯又嫦是这个团体聚会的组织者，她负责规划外出活动，让这些工作繁忙的科学家们从全国各地赶来相聚。当某位成员满60岁的时候，冯又嫦还专门为其组织特殊的庆祝活动。

那是在意大利威尼斯为气象学教授尤金妮亚·卡尔内的六十大寿举行的生日派对上，尤金妮亚说："这充分说明了她的慷慨性格和组织能力。她把所有人都聚在一起，这真是太好了。"

埃德·萨拉奇克也记得自己的六十大寿派对活动，那次是在加州纳帕山谷的一家葡萄酒酿造厂里庆祝的。埃德说："冯又嫦就是这样，会为周围的人做这样的事情。去年12月，她还在旧金山一个很棒的餐厅里组织过一次聚餐活动。"那是为了庆祝马克·凯恩和杰克迪什·舒克拉的60岁生日。

马克还记得当时在麻省理工学院读研究生的时候，冯又嫦就是周六活动的组织者。他说："她让大家能够保持经常的联系，是个关心别人又忠诚的好朋友。"

冯又嫦十分珍惜自己的朋友和同事。左图为她与麻省理工学院老友安东尼奥·默拉（左）及杰加迪什·舒克拉合影。上图为她（左四）和澳大利亚的科学家们合影留念。

生日挑战

　　冯又嫦2005年庆祝自己56岁生日的时候就已经在筹划六十大寿的庆祝活动了。在那个重要的日子里，她打算横渡旧金山海湾，她会从恶魔岛出发，游到旧金山的渔人码头。现在，她正在整理自家的游泳池，并考虑是否需要去买一件潜水衣，因为海湾里的水很冷，这种衣服能够保持身上的温度。她说："我现在还没有开始练习，不过我还有五年的时间做准备呢。"

　　她开玩笑地解释道："我先得加入一个俱乐部，所以我现在正在找一家适合不经常活动的老年人的俱乐部。"她是在担心自己跟不上吗？其实一点也不。毕竟，横渡海湾只需要几个小时，而她孩提时代就经常在南中国海里畅游。

冯又嫦喜欢这个主意，因为这是一个挑战，并且会很有趣。到目前为止，她的朋友中仍没有一个人答应陪她一起游。冯又嫦笑着说："我丈夫说他会划着皮艇陪着我，他对游泳可不怎么在行。"30年前第一个建议她去格达德太空研究院工作的老朋友马克·凯恩说他有可能会跟她一起游，不过条件是她得在稍微暖和一点的水里游泳才行。佛罗里达，行吗？

　　冯又嫦是否会坚持在生日那天的游泳计划呢？谁知道呢？但是当冯又嫦下定决心要做一件事情的时候，她就一定会去做。

冯又嫦的生活纪录

1949 年   4 月 11 日，冯又嫦出生在中国香港。

1967 年   冯又嫦毕业于数学及科学预科学校国王学院；冯又嫦的父母将孩子们全都送到北美学校读书。

1971 年   冯又嫦毕业于麻省理工学院应用数学专业，获学士学位。

1976 年   同为麻省理工学院研究生的吉姆·毕晓普和冯又嫦在双方父母居住地加拿大温哥华举行婚礼。

1977 年   冯又嫦毕业于麻省理工学院，获气象学博士学位，成为该系第二位女博士。她的论文作为麻省理工学院年度最佳气象学论文而获得罗斯比奖。同年于马里兰州格林贝尔特的美国国家航空航天总署格达德太空飞行中心从事博士后研究工作。

1979 年   冯又嫦调至纽约市格达德太空研究院工作。

1981 年   冯又嫦制作出第一个全球三维碳元素模型。

1986 年   冯又嫦成为美国公民。

1987 年   由于和国家航空航天总署其他两位科学家在碳元素循环研究中作出了突出贡献，冯又嫦被授予国家航空航天总署优秀科学成就奖。

1990 年   冯又嫦和其他两位科学家合作，发现了大气中"失踪"的二氧化碳去处，这成为具有划时代意义的科学发现。

1991 年   冯又嫦发表了甲烷气体的全球三维模型。

1993 年   吉姆和冯又嫦搬至加拿大温哥华岛在维多利亚大学担任教职。

1995 年   冯又嫦与博士后伊娜·泰根合作开发灰尘模型，并将其纳入气候变化的研究中。

1997 年   冯又嫦成为加州大学伯克利分校大气学研究中心的第一任主任。

2001 年   冯又嫦入选美国国家科学院。

2004 年   美国地球物理学会向冯又嫦颁发莱维尔奖章，以表彰她在地球学领域作出的突出贡献。

2005 年   冯又嫦和吉姆现生活在伯克利，吉姆继续从事海洋学研究，冯又嫦继续在大学教书。2009 年，冯又嫦计划横渡旧金山海湾，庆祝自己六十大寿。

术语表

本书是一位科学家的传记，这位科学家研究的是导致气候变化的大气条件。大气层指环绕在地球周围的气体层。英语中大气"atmosphere"一词源于希腊语"atmos"（意为"汽"）及拉丁语"sphaera"（意为"球体"）。很多科学术语都源于希腊语或拉丁语。

以下是本书中提到的其他一些科学术语，如果你想了解更多信息，可以查阅字典。

生物地球化学循环(biogeochemical cycles)：重要化学元素在陆地、空气、海洋和生物体之间的移动形成的循环，作用是为地球上的生命体提供支持。

生物圈(biosphere)：地球环境中有生命的部分，包括植物和动物。

碳循环(carbon cycle)：碳元素以不同方式在非生物环境（海洋、土壤、大气层）和生物体之间的不停运动过程。

二氧化碳(carbon dioxide)：地球大气层中的一种气体，由人类燃烧化石燃料等活动产生，是导致全球变暖的主要原因。

气候(climate)：很长一段时间以来某个地区或区域的平均天气状况。气候条件包括温度、湿度（降雨或降雪）以及风速。

气候模型(climate model)：一种计算机程序，能够模拟决定气候状况的各种条件。

云(cloud)：悬浮在空中可见颗粒的组合。在地球大气中，云主要是由小水滴或冰晶组成的。

循环(cycle)：定期发生的一系列事件或活动，通常结束后会返回最初状态。源了希腊语"kyklos"，意为"圆圈"。

地球系统模型(Earth Systems Model)：一种计算机程序，可模拟大气、海洋以及一种或多种支持地球生命体的地球生物化学循环。

生态学(ecology)：研究植物、动物以及其他生命体和周围环境之间关系的科学。源于希腊语"oik"，意为"环境"。

生态系统(ecosystem)：相互作用以及与周围非生物环境相互作用的生物体总称。

流体动力学(fluid dynamics)：学科的一种，主要研究液体（如海水）和气体（如大气层中的气体）的运动。源于拉丁语"fluere"，意为"流动"和希腊语"dynamis"，意为"动力"。

化石燃料(fossil fuel)：由几百万年前死亡的生物体变成的一种燃料，如煤炭、石油或天然气。化石燃料中含有碳元素。燃烧化石燃料会释放出二氧化碳。

全球变暖(global warming)：由于大气中二氧化碳和其他温室气体含量增加而导致地球表层及大气层底部温度上升。

温室效应(greenhouse effect)：使地球最低温度适合生命存在的保温过程，就像温室的玻璃一样，二氧化碳和大气中其他气体留住阳光中的红外线，并将其反射回地球，以保持地球表面和大气层底部的温度。

冰河时期(ice age)：历史上地球几个阶段之一，全球平均温度降低，冰川覆盖陆地大部分面积。

气象学(meteorology)：研究大气层和大气条件，尤其是它们和天气状况之间关系的学科。

洋流(ocean current)：海洋中向某个特定方向快速流动的水流。

光合作用(photosynthesis)：绿色植物中的细胞将空气中的二氧化碳和土壤中的水与养分在阳光下合成的过程，会产生单糖，如葡萄糖，用于植物生长。光合作用过程中会产生氧气。

呼吸作用(respiration)：动物和植物从周围环境中吸收氧气，并将其转化为生物细胞能量的过程。植物在光合作用中产生的碳水化合物，如葡萄糖，会与氧气结合产生能量、水和二氧化碳。

汇(sink)：从大气中吸收某种化学元素的地方或过程，海洋就是碳元素的汇。

蒸发(transpiration)：水汽通过植物叶子上的细孔散发出去的过程。

台风（typhoon）：西太平洋上一种破坏力极强的热带气旋，风速至少可达每小时74英里。北美洲将其称为飓风。

天气（weather）：某个地方某个特定时间的大气状态，天气因素包括温度、降水、风速、风向和云的状况。

换 算 表		
单位	**乘以**	**换算单位**
英寸	2.54	厘米
英里	1.61	公里
厘米	0.39	英寸
公里	0.62	英里
单位	**换算公式**	**换算单位**
华氏度	(5/9)×(华氏度−32)	摄氏度
摄氏度	(1.8×摄氏度)+32	华氏度